シナリオライターP子の七転八倒日誌

私は
いかにして
折れないハートを
ゲットしたか

田嶋久子
tajima hisako

言視舎

はじめに

みなさま、こんにちは。P子です。シナリオライターです。私は今、アニメ『ちびまる子ちゃん』や『あたしンち』を書いて、幸せな日々を過ごしております。


三十年前までは、大手旅行会社でOLをしていました。

シナリオライターを目指すと決意し、二十七歳で会社を辞め、無職のまま三年間、シナリオコンクールに応募しては落選する毎日。ようやく三十歳を目前に、日本テレビシナリオ新人登竜門というコンクールに入賞し、賞金百万円を握りしめて上京しました。

上京してすぐに新作シナリオを携えて日本テレビのプロデューサーに会いに行きましたが、

「こんなの書いてちゃ君はプロになれない」

と追い返されました。

また、当時の日本テレビはドラマよりバラエティに力を入れており、ドラマ枠は次々となくなっていきました。数少ないドラマ枠は有名脚本家が書き、海のものとも山のものともわからない新人ライターがドラマを書く機会などなくなってしまったのです。

残ったのは、残高がどんどん減っていく預金通帳と「なんとかせねば！」という焦りだけでした。それからは、シナリオ学校で事務のアルバイトをしながら、ドラマの仕事をゲットすべく奮闘する日々が始まるのでした。


この本は、テレビ業界で散々な目に遭い、時に自信喪失、時に有頂天を繰り返しつつ、新人シナリオライターが国民的アニメのシナリオライターになるまでの実録日誌です。

ドラマの世界では、デビューはしたものの、その後の仕事の依頼がなく、デビュー作一本だけで消えていくシナリオライターのなんと多いこと！

シナリオは小説と違って、書いたものが放送上映されて初めて価値が出るものです。そこには何千何万という人間と、何万何億というお金がかかわります。だから、いろーんなことがあるのです。

テレビ業界の新人ライターへの扱いは想像を絶するものがあります。ゴーストライター扱いは当たり前。会社のネジどころかゴミ扱い。この本の前半に書かれてあるのは、あまりに理不尽な扱いを受けている新人シナリオライターの叫びです。そして、これまでに著者がかかわった、くせ者ぞろいのテレビ関係者の人物伝でもあります。

巷のサクセスストーリーには、「初めて書いたシナリオがコンクールに入選しました！」とか、「プロデューサーに見いだされて映画を書きました！」とか、「SNSでバズってデビューしました！」とか、「デビュー以来仕事が次々ときて数年で売れっ子になりました！」とか、まぶしい話が語られています。

でも著者は違います。

決して才能あふれる天才ライターではありません。

デビューはできたものの、プロットライターやゴーストライターばかりやって、一寸先は闇でした。

著者にはシンデレラストーリーはありません。どちらかというと「しくじりシナリオライター」というスタンスが近いと思います。

しくじりシナリオライターが、なぜプロになれたのか、そしてなぜ今日まで生き残ってこられたのか。その答えを、この物語を読み進める中で見つけてもらえると嬉しいです。

第一章は、月刊『シナリオ教室』（シナリオライターを目指す人のための学校『シナリオ・センター』の会員向け月刊誌）にて、二〇〇〇年より七年間にわたり連載した原稿を、ほぼそのまま掲載いたしました。かなり赤裸々に当時の業界の内情を話しております。

ちなみに「Ｐ子」は、テレビなどで公に放送できない用語を使ったときに流れる「ピーッ」という音にちなんでおります。

第二章以降は、現在の「私」の書き下ろしです。あいかわらずしくじって右往左往している現況とともに、それを乗り越える魔法（？）を身に着けました。失敗しても、立ち直る方法を知っていれば、失敗は怖くありません。そのノウハウについてもご紹介いたします。

この本を、自分らしく生きたいと思っている人、夢を追う全ての人に捧げます。

ドラマ界や映画界を目指す人、著述業やアーティストを目指す人、好きなことを仕事にしたいけどうまくいかない人、自分は才能があると思うがデビューにつながらない人、デビューはしたが仕事に恵まれない人、世の中理不尽なことだらけで生きる気力を失っている人、自信喪失して自己肯定感がどん底の人、「こんなはずじゃなかった」と落ち込んでいる人などなど……。

くじけそうになった時、この本を何度でも読み返してみてください。そして、少しでも前向きな気持ちになっていただけたら幸いです。

P子こと田嶋久子

まぐれでしょ
P
日

あっはー
はあは

第一章　爆笑⁉　かけだしシナリオライターP子の日記

Diary 1　下積み時代のはじまり（一九九八年〜）

その一「君はプロになれない」

P子はシナリオライターの卵。いや、もうとうにヒヨコになっているはずなのだが、なかなか固い殻を破れず、ひび割れた殻の中で四苦八苦しているアホなヒヨコだ。

この日記では、コンクールに入選したはいいが、なかなかプロになれない不器用でツイてないP子の足取りを追う。もちろん、すべて血も凍る真実。いっさい嘘はなしよーん。

まずはP子が某シナリオコンクールに入選したところから話は始まる……。

入選の知らせを受けてP子の生活は一変した。友達やマスコミにチヤホヤされていい気分。

「これで私はプロへの道まっしぐらよ！」

と、頭の中で織田裕二や安田成美*と握手している己の姿を想像してニヤついていた。

「そうだ！　こうしちゃおれん。授賞式で知り合ったプロデューサーの[redacted]氏に売り込み作戦よ！」

と、P子は早速新作シナリオを[redacted]氏に送り付け、後日[redacted]テレビを訪ねた。

■氏は快くP子を迎え入れ、次々とスタッフを紹介してくれた。
ああ、これが私の仕事場になるのね！　カッコイイぜちくしょう！

しかし、そこからがP子の悲劇の始まりであった。

「ところで、私の新作シナリオはいかがでしたか？」

その時、先程までにこやかだった■氏の目が鋭く光った。

「君、こんなシナリオ、他人に見せちゃあいかんよ。君はプロになれないね」

ガーンガーンガーーン！　なーぜーだー！　P子は奈落の底へ突き落とされた。


P子はいつも通う食堂で夕食をつまみながらぼんやり考えていた。

「入賞はまぐれだったのかしら？」

すると突然、隣のおばちゃんが叫んだ。

「まぐれでしょ！」

しかしそれは「まぐろ定食！」の聞き違いだとわかり、腰が砕けそうになった。

P子は「まぐ~~ろ~~れ説」を払拭すべく、入選作を友人やライター仲間に読んでもらうことにした。

だが、その反応は「面白い」と言う人と「よくわからん」という奴に分かれた。

きっと、面白いと言う人はお世辞で言ってくれてるんだ。やっぱり入選はまぐれだ……。

Ｐ子はまったく悲観的な女になっていた。

Ｐ子が肩を落として家に帰ると、一通の葉書が届いていた。なんだろう？とひっくり返して読むと、それは昨年末に応募した別のシナリオコンクールの結果発表通知だった。Ｐ子の作品は最終選考五本の中に入っていた。

「う、嬉しい！」

入選はしなかったが、このときの通知がどれほど嬉しいものだったか。

まぐれなんかじゃない。私は書けるハズ！

そして数日後、賛否両論だった入選作を読んだ制作会社のプロデューサーが連絡をくれた。

「面白かった」と。そして、

「平均的に評価されるものより、賛否両論な作品のほうが、面白かったりするんだよ」と。

Ｐ子は立ち直った。

＊**【織田裕二や安田成美】**一九八〇年代から九〇年代にかけて、トレンディドラマなどで主役を務めた人気俳優。

その二「社会のハミダシモン⁉」

コンクールで入選してもすぐに仕事にありつけるわけではない。まずは企画書かきに明け暮れる。最初はプロデューサーやディレクターと名の付く人から電話をもらうだけで天にも昇る気持ちだ。電話の前で正座して、受話器を置いたあとは緊張で汗びっしょり。そしてワープロ*に飛び付いて朝まで必死に書き上げる。そんなことを繰り返して何十本という企画書を提出し続けた。

しかし……、

一本も採用されない！

無職なので収入は０《ゼロ》。今晩の夕食のおかずはふりかけとキュウリ。ああ、ＯＬ時代が懐かしい！　会社帰りにハーゲンダッツのアイスクリーム*を買い占めたあの頃！　ああ、今の私は社会のはみだしもん！

六畳一間の薄暗いアパートに一日中閉じこもっているＰ子は、近所でも「得体のしれない人」と気味悪がられていた。

食うものも食わず、毎日ワープロを叩き続けるＰ子。そのせいか、Ｐ子のワープロのＡとＳのキーはすり減っている。しかしP子の頭の中は次第に真っ白になっていった。

アイデアが浮かばない、書けない――スランプだ！

そんなとき、ある人が言った。

「人間は、食べるために働くのか、それとも働くために食べるのか？」

そうか！　人間は働くために食べるんだ！　P子の目から鱗が落ちた。アイデアが浮かばないのは食べないからだ！（と自分の実力不足を棚に上げるP子）。

その夜、P子は焼肉屋に駆け込んだ。

「焼肉定食、大盛り！」

＊【ワープロ】パソコンがそれほどまだ一般家庭に普及していなかったので、原稿はワープロ（ワードプロセッサー）で書いていた。
＊【ハーゲンダッツのアイスクリーム】価格が通常のアイスクリームの三倍もして、贅沢をしてよい気分の時しか買えなかった。

その三「ついにデビューか!?」

その電話がかかってきたのは、蒸し暑い夏の午後だった。

その頃、Ｐ子はストーカー電話に悩まされていて、その日も執拗な電話にうんざりして受話器を置いたところだった。

「コノヤロー！　いい加減にせんかい！」

と、叫んだＰ子は次の瞬間青ざめた。

「あのー、[redacted]放送ですが……」

Ｐ子はこの数カ月間、[redacted]放送へドラマの企画書を十本以上送り続けていた。送っても送っても何の返事もない[redacted]放送へ、それこそストーカーのようにラブレターを送り続けたようなものだった。

それが、この度ようやくプロデューサーの目にとまったのだ。

「とりあえず……シナリオにしてみてください」

それはまるでディカプリオ*から「結婚してください！」と言われたようなものだ。

Ｐ子はヒヒーンと雄叫びをあげて走る競馬馬のようにワープロの前に走っていった。

目にも止まらぬ早さでキーを打ちまくる。それは長年続いている人気シリーズの一話完結の三十分ドラマだ。一日で仕上げた原稿を震える手でファクス*する。合掌してＯＫを祈願した。

ところが、である。

何日たっても返事は来ない。電話をしても「まだ読んでない」と冷たくあしらわれる。その言葉を真に受けて、一週間後に再び電話を入れた。

いかがでしたでしょうか、私のシナリオは……？

「ああ、全然ダメですねッ」

ダ、ダ、ダメ⁉　ダメって、なーぜーだー！

P子は白目をむきながらも踏ん張って受話器を握り締めた。

「いったい、どこがダメなんですか？」

プロデューサーは一つ一つダメだしを始めた。つまり、こういうことだ。作品としてOKでも、ドラマの枠の趣旨やカラーから外れていてはNGなのである。うーん、なるほど。それがプロの仕事ってやつか。

P子は留守を守るアルバイト先の電話で、いつ社長が戻るかもしれないドキドキの中で、その言葉をひとつひとつ噛み締めた。こんなに熱心にお話をくださるなんて、きっと可能性があるということなんだわ。本当に駄目なら電話を切ってしまうはずだもの。

P子はこの時ばかりは楽観的な人間になっていた。

もう一度登場人物の履歴書作りからやり直して、二日をかけて原稿を書き直した。その翌日、早速の電話があった。

「すごく良くなりました！」

プロデューサーは興奮気味な声で、Ｐ子のシナリオを読んで感動して泣けたとさえ言った。

そして三カ月後、Ｐ子の本は、演出や役者さんたちに助けられ、想像以上に素晴らしいドラマに仕上がっていた。

テロップに自分の名前が上がったとき、これ以上の至福はなかった。

＊【ディカプリオ】レオナルド・ディカプリオ。主演映画『タイタニック』が大ヒットし、世の女性たちから「レオ様」と呼ばれたハリウッド俳優。
＊【ファクス】当時はまだ、文書の通信手段はファクスが主流だった。Ｐ子が使っていたのは電話に付帯したタイプで、原稿を1枚ずつしか差し込めず、原稿30枚を送るのに15分かかった。

その四「大殺界と天中殺*を背負った女」

ついにデビューを果たし、有頂天になっているＰ子。じつはその話には悲惨な後日談があった。

プロデューサーから早速次回作の執筆を依頼され、Ｐ子はすっかり作家気分だった。「無職・三十歳*」という実に不名誉な肩書きが、ついに「シナリオライター」に変わるのだ。

しかしP子はそんな幸運な女ではない。

二作目の第四稿を上げたあと、連絡がぷつりと途切れてしまった。何度電話をしても「まだ読んでいない」と言われる。挙句の果ては居留守を使う。いったいどうしたというのだ？　そしてついに、電話に出たプロデューサーは信じられない言葉を吐いた。

「(とても不機嫌に)今ね、新人を使う余裕がないから、あなたとは仕事しませんなーぜーだー！　ついこの間まで「あなたのシナリオに感動して涙した」と言い、共に打ち合わせをしたこの数カ月間は何だったのだ！

一体何が悪かったのか？　本はうまくいっていた。直しも快くやっていた。打ち合わせの雰囲気もよかった。考えれば考えるほど、P子はブラックホールに突き落とされる思いに駆られた。

後で聞いた話だが、そのプロデューサーは当時、別件で大物俳優とトラブルを起こしてイライラしていたという。その数カ月後、彼はドラマを外れ事務関係の部署へ異動になった。まさか、そんなことで……？

「不運」と思うしかない。タイミングが悪すぎた。そんなP子が、不死鳥のように蘇るのは、また次のお話……。

＊**【大殺界と天中殺】**六占星術や四柱推命で、十二年周期で訪れるという運勢の低迷期。メディアで大きく

取り上げられ、恐れられた。

＊【無職・三十歳】定職につかないフリーターが珍しくない時代にはなっていたが、まだまだ世間の目は冷たかった。女性はしばしば「家事手伝い」という肩書で逃げることはできたが、Ｐ子は東京一人暮らしだったため、逃げ場はなかった。

その五「蘇る不死鳥」

テレビを見て驚いた。

皆さんはマンタをご存じだろうか。海に生息するエイの親玉みたいなやつである。そのマンタの大きさが畳六畳から八畳分だというのである。

ちょっと待て。では何か？　私はそのマンタの背中で毎日布団を敷いて寝たり、御飯を食べたりしているというのか？　そう考えると、途端にやるせな〜い気持ちになった。

そんなある日、先輩ライターの[redacted]子さんが電話をくれた。[redacted]子さんとは一度お会いしただけの仲だったが、なんと制作会社のプロデューサーを紹介してくださるという。

じつは[redacted]子さんもデビュー当時、かなり苦労したらしく、要領の悪いＰ子を見て気の毒に思ったらしい。持つべきは先輩！　ありがたやー。

数日後、Ｐ子はそのプロデューサーの[redacted]氏に会ってまたびっくり。なんと同じ大学の後輩だったのだ！　そしてさらに[redacted]子さんも同じ大学出身と判明。たちまちその場は同窓会の宴となったのである。

そんな御縁のせいか数日後、[redacted]氏はちょくちょくプロットの仕事*を紹介してくださるように。つくづく、御縁というものの不思議さと有り難さをかみしめる。

そしてさらに幸運は重なるもの。Ｐ子が入選したコンクールを主催しているＴＶ局から連絡がきたのだ。

「深夜のドラマを書きませんか？」

Ｐ子が入選してから半年後のことだった。これでやっと、マンタの背中から卒業できるか？

来年の私は、マンタを刺身にして食っているだろう……。

*【プロットの仕事】ドラマのあらすじをシーンごとに詳しく書いたもので、ドラマの骨組みのようなもの。シナリオはこのプロットをもとに書かれる。プロットを書く職人をプロットライターという。

その六「タイミングの悪い女」

デビューして半年間、仕事のなかったＰ子は、ついに深夜ドラマにお呼びがかかった。なんでもメインライターの筆が遅く、ピンチヒッター*としての急なオファーであった。

電話があって翌日の打ち合わせに馳せ参じると、Ｐ子の他に同じように召集された新人ライターが三人いた。全八話のテーマはおおよそ決まっていたが、プロットはないに等しく、キャストさえあやふやなものであった。とにかく時間がない、ということだけ申し渡され、あやふやな引継ぎのまま解散された。みんな目が点になっていたが、とにかく仕事がもらえた！ということで、やる気満々。Ｐ子も同様、ガッツが入った。

打ち合わせから帰ってそのままワープロの前に座り、朝まで打ち続けて一日で原稿をあげてしまった。そのままＦＡＸすればよかったのだが、「いやいや待てよ、締切りまで二日あるし、慌てないでじっくり推敲してから提出しよう」と、珍しく慎重になった。

Ｐ子が呑気でいる間に、他のライターがさっさと翌日に原稿を提出し、「あいつは早い！」と局内で評判になっていた。結局Ｐ子は二日遅れで原稿を提出したのだが、たいした推敲もしていない。そんならさっさと提出しておけばよかった。

新人ライターはまず、早く原稿をあげること。P子のような凡人ライターは、早さで勝負するしかないのじゃ。

さて、こうして提出した原稿は、そこからまた、苦難の道を歩むことになるのである……。

今回の深夜ドラマは、若手の新人ディレクターA氏が撮るということもあり、アドバイザーとしてベテランのディレクターB氏も顔を揃えた。ホン打ち合わせは、A氏とP子の二人でやってごらん、と任された。

ところが、A氏とP子の間で話し合って作り上げた原稿は、完成した時点でアドバイザーのB氏が待ったをかける。そして全く違う方向性を指示してくるのである。A氏もそれに反論できない様子。ならば最初からB氏と打ち合わせをしたほうが早いじゃん！と、喉まで出かかった言葉を飲み込む。

P子はA氏とB氏の狭間で悩む。どちらの方向性でもいいから、どっちか決めてくれ！　その言葉を再び飲み込む。私は新人だし、生意気言えないし……と、とにかく我慢して、両氏の意見が食い違うたびに書き直しをしていった。

が、船頭が二人いる船*は、なかなか目的地へはたどり着けない。気が付くと十稿以上の書き直しをしていた。

十何稿目かの原稿を提出し、「今度もどーせ、直しになるんでしょッ」と、喉まで出かかった言葉を飲み込んだ。が、そのなげやりな気持ちの原稿がOKとなってしまった。

そして最後にB氏から言われた言葉は「P子さんて器用なんだね」。おいおい！

後日、オンエアされた作品を見て仰天。P子の知らないセリフをしゃべる登場人物たち。P子が飲み込んだ言葉は、大きな溜め息となって一気に吐きだされたのであった。

＊【ピンチヒッター】ドラマ制作において脚本家が何らかの理由で書けなくなった時、ピンチヒッターとして新人に声がかかることはよくある。そこで頭角をあらわし、プロデューサーの目に留まってブレイクする人もいる。

＊【船頭が二人いる】B氏は、A氏を教育したかったのだろう。でも新人脚本家と組ませるのは無謀だ。あと、船頭が二人（ディレクターとプロデューサーと原作者のうち力関係の強い二人）いて脚本家が混乱する現場は多い。

その七「青二才のジレンマ」

深夜ドラマを見てくれた友達の評判は散々だった。

Ｐ子だってくやしい。現場で勝手にセリフを変えられていたし、こんなはずじゃ……の場面もいっぱいあった。

しかしその数日後、深夜ドラマのチーフディレクターだった[redacted]氏から呼び出しを受けた。今夏のスペシャルドラマの企画を考えてくれないか、と。氏はＰ子が誠心誠意仕事に打ち込んだ姿を見ていてくれたのだった。

「取材費用はこっちで持つし、ギャラも払うから。頑張ってね」

Ｐ子は張り切って企画書を書き上げ提出した。

しかし、待てど暮らせど[redacted]氏からの連絡は来ない。

「あの企画書、まだ読んでないのかな？　それともあまりにも駄作で怒っちゃったかな？　いやいや、まだ検討中？」

などとさまざまな思いが交錯し、電話が鳴るたびに心臓をバクバクさせる日々が続いた。

何の音沙汰もないまま約一カ月が過ぎ、Ｐ子はやっと[redacted]氏に電話をしてみた。

「あー、あれね、ドラマの枠自体が流れちゃってね」

との答え。ズルッ。ならそうと早く言え！　結局ギャラなし。

「代わりに夕飯でも奢るから勘弁して」なんて言って誤魔化されてしまった。しかもその夕飯の約束さえ、二年経った今も果たされていない。

言っておくが新人ライターの扱いなんてこんなもんだ。ちくしょうッ。いつか偉くなったら、[redacted]氏にポケットマネーでフランス料理を奢らせてやる！

この怨念を原動力にして、その後Ｐ子は、一年間に六十本のプロットを書いたのだった。

その八「行動すれば道は開ける？」

新人が唯一シナリオを書かせてもらえる深夜のドラマ枠*が、編成の改編でなくなってしまった。局からの連絡は途絶え、コンクール入賞者たちはほったらかし状態。もう局などあてにしない。自分で仕事を開拓するしかない！とは思うものの、どうも腰が重い。あのプロデューサーに電話してみようか、あのドラマ枠の企画書を書いて売り込みをかけてみようか……なんて考えても、気の小さいＰ子は実行できずにウジウジと三カ月を過ごした。

見かねた友人のイクちゃんが、

「何してんの⁉　何のために今まで頑張ってきたの？　さっさと仕事くれって電話せんかい！」

と檄を飛ばしてくれた。ハッと目がさめたＰ子。

早速深夜ドラマで世話になった[redacted]チーフディレクターに電話してみた。

「あのー、何か仕事ください……」

[redacted]氏はワッハッハと笑ってこう言った。

「今度、深夜のドラマ枠が復活するんだけど、手伝ってみる?」

その企画とメインライターはもう決まっているのだが、サブライターのひとりとして入ってみないか、ということだった。

「やります!」

と飛びついた。電話してみるもんだ。行動すれば道は開ける! イクちんありがとう! 今までウジウジと悩んでいたのがウソのよう。途端に目の前がバラ色に輝き、地面から3センチ離れたところを歩いている気分!

「また深夜ドラマを書くことになりました!」

そう言って友人や恩師たちに言いふらすP子。

しかし、その後には信じがたい落とし穴が、P子を待ち受けているのだった……。

＊【深夜のドラマ枠】ゴールデンタイムのドラマ枠は、たいてい著名な脚本家が書く。スポンサーがそう望むからである。当時、新人がシナリオを書かせてもらえるのは、視聴率をあまり気にしない低予算の深夜枠

くらいしかなかった。

その九「上司運がなければ道はない」

勇気を出して[redacted]チーフディレクターに電話して深夜ドラマの仕事をゲットしたP子。

その後の窓口は担当ディレクターにバトンタッチとなり、制作スケジュールも手元に届いた。

そこにはちゃんと「第x話、P子執筆予定」と書かれてある。

時期同じくして、他社からもいくつかプロットや企画書の仕事が舞い込んできたが、何といってもシナリオの仕事を優先させたい。P子は思い切ってスケジュールを深夜ドラマ一本に絞った。

がしかし、である。

待てど暮らせどその後の連絡が何もない。あれ？　どうなったんだろう？　P子は担当のディレクターに電話してみた。

「あのー、スケジュール空けて待ってるんですけど？」

電話に出た若いディレクターは、信じられないセリフを吐いた。

「あー、じつはね、先に決まっていた三人のライターで充分回せそうなんですよ。これ以上新しい人が入っても、すり合わせとか面倒なんで、もういいです」

エエッ⁉ もういいって、なに⁉ こっちは他の仕事を断ってスケジュール空けて準備してたんだぞ！ それを一言の断りもなしに、なんだ⁉

心の中はまるでトムヤムクンに入った唐辛子をうっかり噛んでしまったときのような大パニック！

でも、P子が次に発した言葉は、

「そうですか。残念です。また何かありましたらよろしくお願いします……」

ああ、P子よ、小心者の新人ライターよ！ あのディレクターをクビにしてしまえるくらい早く偉くなれ！

その十「脚本家に近道はない」

突然の仕事キャンセルのショックで、しばらくウニのようにダラダラとした毎日を送っていたP子。だがある日、火曜サスペンス劇場*のプロットを書くチャンスが飛び込んできた。

P子、起死回生のチャンス！

が、しかし。どうしたことか、突然P子を襲った「頭真っ白病」。アイデアが浮かばん！

二日過ぎ、三日過ぎ、一週間が過ぎても、なーんにも浮かんでこん！　やばい！

P子は押入れの中を掻き回し、昔書いた20枚シナリオ*を引っ張り出した。確か「サスペンス」という課題があったはず……。二年も前に書いた拙い作品。追い詰められたP子は、それをもとにストーリーを練り直してプロットを完成させた。P子、ひとまずホッとしたが……。

「こんなものに制作費五千万*もかけられません」

プロデューサーの言葉が、ガツーンと頭をかち割った。

「人物の描写ができていない。これじゃマンガです」

P子は恥ずかしさのあまり、小さくなってシュガーポットの中に入ってしまいたかった。

早くプロになりたい気持ちばかりが先行して、コネづくりにばかり気をとられていた自分が恥ずかしい。いくら人脈があっても営業力があっても、実力がなければなんにもならない！　一度ヘンなものを出したら、二度と仕事はこなくなる。甘かった……。

P子は深く反省した。帰り道、夜空に耀く北斗七星に向かって、P子は固く誓った。五千万に値する脚本を書ける作家になる！

＊【火曜サスペンス劇場】当時どのテレビ局も、夜七時台に二時間のサスペンスドラマを放送し高視聴率を獲得していた。その代表格が火曜サスペンス劇場。著名な推理小説を原作にするほか、脚本家のオリジナル作を放送することもあった。

＊【20枚シナリオ】P子が通っていたシナリオ学校の課題。毎週ペラ（二〇〇字詰め原稿用紙）20枚のシナリオを書いて発表した。

＊【制作費五千万】当時の二時間サスペンスドラマの制作費は五千万円くらいだった。

その十一「運命の出会い」

サスペンスのプロットで失敗したP子は、「二度とサスペンスなんて書くものかッ」とすっかり自信をなくしていた。ところが……。

それから一週間がたった頃。駅のホームで今にも飛び込もうとしていたP子の肩を誰かが叩いた。シナリオの先輩だった。

「P子ちゃん、仕事は順調？」

「うっ……。それが……うまくいかなくて」

「あらそう？　じゃ、サスペンス書かない？」

サ、サ、サスペンス⁉　とんでもない、もう懲り懲りざんしょ！　そんな台詞が喉まで出かかったが飲み込んだ。

すると先輩は脚本家の[redacted]氏を紹介してあげると言い出した。[redacted]氏といえばサスペンスの女王と言われる憧れの有名ライター。その彼女の下で、サスペンスのプロットを手伝わないかとの話だ。寝耳に水。青天の霹靂。ぬかに釘（これは違う）。きっと神様がP子に「あきらめず習得せよ」とおおせなのだなーと思う。

さて、こうして[redacted]氏と出会ったP子は、彼女からプロットの書き方をスッポンのように吸収するのであった。現役ライターからいただくご指導は実に的確で、大変勉強になった。

彼女の手本のプロットはじつに素晴らしく、P子はそれを読んで感動して泣いてしまったほどだ。そんな神様のような人に直接ご指導いただく幸運！　とにかく、今は仕事で稼ぐことより、実力養成に努めるのだ……。

P子は日夜ペンを握った。このときの修練は、その後のP子の財産となった。

その十二「奇妙なプロデューサー」

P子の書いたプロットが、ある制作会社のプロデューサー[redacted]氏の目に留まった。

「一度、夕食でもご一緒しましょう」

突然、そんな電話を[redacted]氏からいただいた。

おしゃれなイタリアンレストランで、Ｐ子は[redacted]氏とテーブルをはさんで座っていた。[redacted]氏はここの牛肉のカルパッチョが大好物だと言い、「いつもの」とそれを注文した。

ウェイトレスが持ってきた牛肉のカルパッチョは、大皿に並べられた三人前はあろうかと思われるもので、小皿を二枚置いていった。

しかし[redacted]氏は大皿ごと自分の前に引き寄せ、うまいうまいと言って物凄い勢いでカルパッチョを食べ始めた。そしてＰ子にはエビの唐揚げばかりを勧めた。

しかし！　Ｐ子も食べたかった。牛肉のカルパッチョを！

「私もいただいていいですか？」

そう言って、最後の一つまみを取って食べた。すると[redacted]氏は憮然とした表情を浮かべ、ウエイトレスを呼んだ。

「牛肉のカルパッチョをもう一皿もってきて！」

えっ、えっ⁉　食べちゃいけなかったの？

どうやら氏は一人でカルパッチョを平らげなければ気が済まなかったらしい。追加したカルパッチョは氏が当然のごとく一人で平らげた。

「P子さんは、小食なんだね」

そう言って氏はエビの唐揚げをP子にすすめた。脂っこい（しかもデカイ！）エビの唐揚げ五尾を一人で食べる羽目になったP子。

その帰り道、吐き気に襲われ終電に乗り遅れた。ホント、恐ろしい業界だわ……。

その十三「プロットを制する」

プロットが下手な（というより書き方を知らなかった）P子。かつて[redacted]テレビのプロデューサーに、「こんなモノに制作費五千万円もかけられません！」とガツンとやられ、奈落の底に突き落とされた。シナリオを書いてNGならまだしも、プロットの段階でふるいにかけられるなんて、あまりに悔しい。

そこでP子は、先輩作家の書いたプロットや企画書を入手して研究を重ね、何十本と書きまくった。

そんなある日、努力の甲斐あって、ついにP子の書いたプロットが認められた。しかもなんと、ゴールデンタイムの連続ドラマでの制作が決まったのである！

「P子さんも、サブライター＊としてシナリオを一本くらい書かせてあげるよ」

と、プロデューサーは言った。ヤッホーウ！　ついに来たか！

ここでやっと気付いたのだが、プロットを書く作業というのは、物語のテーマを把握したり全体の構成を確認したりするうえで、とても大切な役割を果たす。ここをきっちり文章で書けるか否かは、シナリオを書く力にも通じている。総じてプロットがしっかり書ける人はプロデューサーの信頼も厚いようだ。

さて、シナリオ執筆のチャンスが訪れ、浮き足立つP子だが……。

数日後。

「あの話さ、メインライターがどうしても一人で完投したいって言うから、なかったことにして」

……やっぱりそういうオチなのね。

＊【サブライター】連続ドラマの場合、一人の脚本家が全話を書き通すのは非常にハードワークである。そのため数話は別の脚本家に書いてもらうことがある。クレジットに名前が出ればサブライター、出なければゴーストライターとなる。もちろん、一人で書き通す骨太脚本家もいる。

その十四「プロット修業の落とし穴」

お陰さまで、プロットや企画書の仕事のオファーが、ぼちぼちと来るようになった。

あれほど苦手で大嫌いだったプロットに対する意識も、少しずつ和らいできたようだ。

「プロットですか？　お任せください！　あさってまでに提出しますよ」

なんて、一二〇〇字×十枚ほどのプロットなら、朝メシ前とまでは言わずとも昼メシ前くらいにはなった。

そんなとき、あるゲームソフトの会社から、ゲームシナリオ*を書かないかという話をもらった。P子は二十世紀最後のアナログ人間。ゲーム？　なんだそりゃ？ってなもんだが、とにかくシナリオを書かせてもらえるというのだから、やらない手はない。

仕事は、メインライターが書いた本編のサブストーリーを書くというもの。サブストーリー？　なんだそりゃ？　よくわからんが、とにかくシナリオには違いない。プロットばかりだったP子にとって、セリフやト書を書けることは何より幸せだった。が……。

ワープロに向かってギョッとした。なぜかセリフがやけに固い。ト書も長い文章になってしまう。つまり、何を書いてもプロットになってしまうのだ。なんと、P子はシナリオの書き方を忘れてしまっていたのだった。

そういえば、ここ丸一年ほど、シナリオを書いたことがなかった……。愕然とするP子。

シナリオライターになるにはプロットを書けるようになることが必然。でも、P子のように本末転倒になっては、トホホなのである。

＊【ゲームシナリオ】ストーリー性のあるゲームがまだ珍しかった時代。ユーザーがストーリーの展開を選択できるゲームがあり、普通のドラマと同じようにシナリオを書くが、字数制限があったりして脳の普段使わない部分を使う。

その十五「瓢箪から駒」

早くドラマのシナリオを書きたい！　いつまでプロットライターを続けるのか？

ジレンマがP子を襲う。そんなP子に飛び込んできたのはゲームシナリオの仕事だった。

シナリオを書けるのは大変有難いのだが、ゲームという言葉に躊躇した。何しろP子は、ファミコン＊というものをやったことがない。まるで、カレーを作りたいのにイスケンデルンという聞いたこともないトルコ料理を作れと言われているような違和感があった。

「私がやりたかったのはその道ではない」

という釈然としない思い…………。

しかし何事も経験。イスケンデルン作りが意外とカレー作りに役立つかもしれない。P子は珍しく前向きに考えた。

が、やはりゲームの世界は特殊だ。普通のドラマ作りとは一味違ったテクニックが要求される。ときに、主人公の感情を追うことより、断片的なストーリーをパズルのようにひっつける作業が重視される。これまでの作劇法を見事に打ち砕かれ、最初はとまどった。

でも、ある種この経験は貴重だった。作劇法はひとつではない、マニュアルはないということがわかったからだ。

こうして、P子がゲームの仕事に面白さを見出しはじめた頃、思いがけない展開が……。

P子が一年前に書いたシナリオを映画化したいという人物が現れた。それはなんと、ゲーム会社のプロデューサー。実は彼、本業は映画プロデューサーだったのだ！

これがドラマならご都合主義といわれそうな展開だが、現実は意外とこんなものだったりする。
＊【ファミコン】正式名称ファミリーコンピューター。家庭用ゲーム機のこと。

その十六「書きたい」人でいたい

Ｐ子のオリジナルシナリオが映画になる！という話は、その後、立ち消えになってしまった。映画は制作費やその他諸々の難関が多く、なかなか上映までこぎつけるのが難しいようだ。

でもＰ子は少し、以前より強くなっていた。

めげずに、昔深夜ドラマで世話になったプロデューサーに電話をしてみた。仕事ください！

そうしたら、連続ドラマの企画書を書かないかと言われた。主演は[redacted]。すぐにピンときたアイデアで企画書を提出した。

幸い、プロデューサーはそれに乗ってくれた。そのあと三、四回の打ち合わせで、登場人物のキャラを詰め、テーマを掘り下げ、企画書を何度も書き直していった。打ち合わせすればするほど、ドラマの輪郭が明確になってゆく。書き直せば書き直すほど、ドラマの内容が面白くなってゆく。Ｐ子はワクワクした。書くことが楽しい！

もともと書くことが好きだからシナリオライターを目指したはずだ。でもいつの間にか、書くことより職業や地位への憧れのほうが強くなっていた。

「書きたい」というのと「シナリオライターになりたい」というのとは、ちょっと違う。P子は、いつもドラマを「書きたい」人でいたい、とあらためて思った。

さて、企画書はめでたく完成。だがなんと、後押ししてくれたプロデューサーが突然の転属！

後ろ盾のない企画は陽の目を見ず……くぅー。またそんな展開⁉

その十七「出口の見えない企画要員生活」

企画書を書いても書いても採用されない。はじめの頃は、企画書を書くことはシナリオライターの必須！と思いせっせと励んでいた。

企画が採用されたらシナリオも書かせてもらえるかも……なんて淡い期待もあった。が、いつまでたっても「シナリオ書いてみる？」なんて言われない。

あるプロデューサーには、実績のないライターにはシナリオを任せられないと言われた。何言ってんの？ その実績を作るには、シナリオを書かせてもらわにゃ始まらんでしょ！と、心の中で毒づいた。

気晴らしにテレビのチャンネルを入れる。ドキッとした。テロップに、コンクールで同期入賞した仲間の名前が流れた。深夜ドラマのメインライターだった。

じわーっと、胸の奥に汗が流れた。焦る……。

彼女だけじゃない、あとからデビューした後輩たちが、続々と活躍し始めている。なのにP子は、いまだに六畳一間で孤独に企画書を書いている。なぜ⁉

落ち込むP子を救ったのは、先輩ライターの手記だった。

今や連ドラのメインライターを務める[redacted]氏は、六年間もプロットライターをしていたという。やっとコンクール入賞を果たした後も、コンペに落ちまくって、なかなか仕事に恵まれなかったらしい。

[redacted]氏のドラマは、登場人物たちの心理を丁寧に描写した秀作が多い。そうか。下積みがあるからこそ、息の長い作家になれるんだ。

高く飛ぶ飛行機は滑走路が長い。セスナよりもジャンボジェット機を目指すぞ！

Diary 2　業界の魑魅魍魎《ちみもうりょう》たち

その十八「女を知らないプロデューサー」

企画書ばかり書いていたP子にも、ようやく深夜ドラマのメインライターを務めるチャンスが到来した。

それは、女の子のエッチに対する意識を本音で語るという、画期的な企画だった。

P子はこういう「女の本音」というヤツにはちょっと自信があった。女姉妹に囲まれ、飼い犬までもメスという大女系家族に育ち、六年間の女子校生活と五年間のOL時代を経験し、女の骨のずいまでを知り尽くした自負があった。しかし……。

このドラマ担当の、TV局プロデューサーの[redacted]という男が曲者だった。

P子が、主人公の女性が女友達とカラオケボックスに行くというシーンを書いた折、[redacted]はこう言ったのだ。

「女の子だけでカラオケボックスになんか行かないでしょう」

そして、女の子同士で夜にどこへ遊びに行くかというと、それは絶対ショットバーじゃないか、と言い出したのである。

目が点になっているP子に、[redacted]は追い討ちをかけるようにのたまった。

「P子さん、もっと女の子というものを勉強してくださいね」

ちゃぶ台をひっくり返してやりたい衝動にかられた。[redacted]は四十歳にして独身、女性経験僅少。そんな男が〝想像〟する女の子で、「女の本音」ドラマを書けるかッ！

しかし、書かないといけないのである。P子は、生まれて初めて書きたくないドラマを書いた。ドラマは、一人で好きなように書けるものではない。その難しさを痛感することが、プロへの第一歩なのだろうか？

その十九「唇からナイフ」

あるプロットを書いたことがきっかけで、[redacted]TVの女性プロデューサーに会う機会に恵まれた。彼女は、若くしてヒット作を連発している敏腕プロデューサー。さぞかし体も声も大きな熊のように恐ろしい女性だろうと恐怖していたのだが、会ってみると、とても華奢で小さな人だった。しかし、その体から発せられるオーラには、気安く人を寄せ付けない威厳があった。

「ああいうバカ女が登場するドラマじゃなくてね」

と、彼女は他局でオンエア中のドラマを、歯に衣着せぬ物言いで、スパッスパッと切って見せた。唇からナイフ。まさに、柔らかな口調の中から、鋭いカッターナイフが飛び出してくる感じ。あまりの切れ味に、恐怖と共に快感さえ覚えてしまう。彼女からプロットを頼まれ、NOなんて言えるはずがない。

一週間後、彼女からの電話を受け取った。

「とても良く書けてる。完璧に近いわ。でもね、あと少し、書き直して欲しい所があるの」

完璧に近いと言われて、やる気が出ないはずがない。P子は猛烈な早さで直し再提出した。

その後も何本かプロットを書いたのだが、そのたびに必ずリアクションがあった。たとえ不採用であっても、原稿に対する感想やダメ出しは、手間を惜しまず与えてくれた。その誠実な対応と指導には感動さえ覚えた。

でもギャラはなかった。うまくのせられたのかもしれない。それでもいいやって思えるくらい、すごい人だった。

その二十「まじめで悪いか！」

お付き合いのある[redacted]プロデューサーが、Ｐ子をご飯に誘ってくれた。その人はＰ子に「いつか必ずシナリオライターデビューさせてやるからな」と言って、ずっとプロットの仕事をくれている人だ。その[redacted]プロデューサーが、酒を飲みながら突然こんなことを言い出した。

「お前は人柄が面白くない。だからプロにはなれん！」

Ｐ子は口にがんもをくわえたまま固まった。

「俺が育てたライターで成功している奴は、みんな話が面白くて打ち合わせでも笑いが絶えなかったぞ。それに比べてお前はまじめすぎる」

ガーン！　まじめな人間はシナリオライターにはなれないですって？

よし。では明日から両手にマラカス持って、ヘソに目を描いて腹芸しながら打ち合わせに臨んでやる！と一瞬考えたが思いとどまった。

まてよ。世の中にはまじめだけが取りえのシナリオライターがいたっていいんじゃないか？

作品が面白くないというのなら問題だが書き手の人柄なんて千差万別。何を引け目に感じる必要があろう。P子は開き直って、翌日、他のプロデューサーとの打ち合わせに参加した。

「きみぃ、そうやって僕の言うことにいちいち考え込むなよ。ハイハイって調子よく頷いてりゃいいんだよ！　もっとお調子者*になれ！　有名脚本家のJ先生もI先生も大変なお調子者だぞ！」

ガーン！　やはりそうなのか？　P子は、今度のギャラでマラカスを買おうと心に決めたのだった。

*【お調子者】現在の私は、昔に比べればだいぶお調子者になれた気がする。

その二十一「大虎」

「俺が必ずデビューさせてやる」とは、某制作会社*の[redacted]プロデューサーだ。

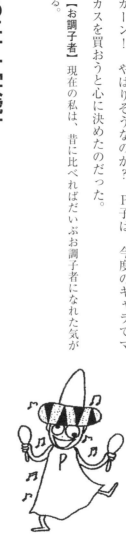

その言葉を信じて安いギャラでプロットばかりを何本書いただろうか。いいように利用されているだけでは？　そんな黒い疑惑がフツフツと……。

だがある日、ついに「深夜ドラマを書かせてやる」ときた。P子張り切る！　だが、そこには恐ろしい罠が……。

ホン打ち合わせはテレビ局で行なわれた。いつもの虎のように偉そうな[redacted]プロデューサーが、ＴＶ局プロデューサー（以下局Ｐ）の前ではトラ猫になっている。局Ｐの言うことに大げさに相槌を打ち、その太鼓もちぶりには圧倒された。制作会社って、仕事をとるために大変なんだなあと、他人事のように感心した。

そして第一稿を書き上げ[redacted]プロデューサーに送った。何の感想も意見もなかった。いいのかな、と思いつつそのままＴＶ局へ。

すると局ＰはＰ子の原稿にご不満の様子。それを察知した[redacted]プロデューサー、突然人格が豹変。局Ｐの前で、しかも喫茶店のど真ん中で怒鳴り散らした。

「こんなホン、小学生にも書ける駄作！」

「下手くそすぎてゾッとする」

などなど、これ以上はあまりにショッキングなので割愛する。他の客まで振り返って見ている。Ｐ子は顔を真っ赤にして[redacted]プロデューサーを見た。ＯＫじゃなかったの？　それ本当にあなたの意見？と、心の中で叫んだ。

[redacted]プロデューサーは公衆と局Ｐの面前で堂々と全ての責任をＰ子におしつけた。さらに目が

点になったのは、あとで「あのときは君のせいにして悪かった」とＰ子に謝ったことだった。

＊【制作会社】テレビ局の下請け。一般的に制作会社のプロデューサーは局Ｐに頭が上がらない。

その二十二「魑魅魍魎の世界」

人間性がとても優れているけど運がないプロデューサーと、悪魔のように性格が腐っているけど仕事はバツグンにできるプロデューサー、あなたはどちらと一緒に仕事したいですか？

この業界は魑魅魍魎の世界。成功するためには人を裏切ったり、蹴落としたりするのは日常茶飯事。Ｐ子は、ほんのわずかな間だが、それはもういろんなプロデューサーと出会ってきた。概して先に述べた公式は当てはまると思う。

「この人、誠実でいい人だなあ」と思えた人は、すぐに左遷される。「こいつ、タヌキだ」と思ったヤツは、しっかりと業界にのさばっている。ライターのみならず、皆、生き残ろうと必死のようだ。

Ｐ子だって、こういう悪魔と何度となく仕事して、いろんな被害にあってきた。

ここで言っておきたい。プロデューサーはライターの味方ではない。そこにあるのは利用する者と利用される者の関係のみ。決して「育ててもらおう」なんて思ってはいけない。

私たちは、こういう魑魅魍魎と戦い、いろんな憂き目に会い、それをバネにして自分で学び育ってゆくしかないと思う。

「認めてもらおう」なんて思っているうちは、餌にされるだけだ。「いいドラマを作ってやる!」その思いを強く持ち、踏ん張っていれば、自然と悪魔たちと渡り合う方法が見えてくる。

そして気がつけば、一流のスタッフと珠玉の時を共有する至福に恵まれる。

その日まで、諦めずに頑張っていきましょう。

その二十三「派閥争い」

そこには二人のプロデューサーがいた。

連続ドラマのプロットを頼まれ、いつものごとく快諾して仕上げたP子だが、まさかそれが地

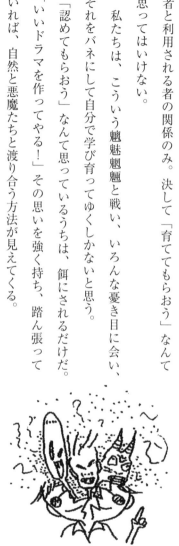

獄への入り口になろうとは――。

そのドラマにはメインライターがいたが、どうも筆が進まなかったらしい。P子は当初、プロットだけ書いてサヨナラ*の予定だった。が、このまま引き下がっては女がすたる。頼み込んで初稿を書かせてもらい、局Pに見せた。すると彼はそれをひどく気に入ってくれ、P子はラッキーにもサブライターとして登板することになった。

その後も直しは順調に進み、これで決定稿*ですね、となったそのとき！　制作会社の[redacted]プロデューサー*から待ったがかかった。

「決定稿はメインライターに書かせるから」

へ？　だってさっき局Pは……。P子が混乱して立ち尽くしているうちに、出来上がった決定稿が送られてきた。P子が書いた準備稿*とほとんど変わっていなかった。しかし脚本家の名前はメインライターの名前になっていた。どういうこと⁉

局Pが慌てて電話をかけてきた。

「僕もどういうことかわからないんです。P子さんの原稿でてっきり決定稿だとばかり……」

なぬ⁉　じゃあ[redacted]プロデューサーが独断でしたことなのか⁉

[redacted]プロデューサーは、どうも自分が連れてきたメインライターの顔を立てたかったらしい。

そんな理不尽な！

オンエアされたドラマのクレジットを見た知人は、「名前載ってなかったね、P子ちゃんボツったの？」と言った。

P子の著作権を返せー！

＊【プロットだけ書いてサヨナラ】スケジュールが切迫すると、プロットを新人が手伝い、シナリオはメインライターが書くというのが定番だった。

＊【決定稿】完成したシナリオ原稿で、俳優をはじめ関係各所に渡される。

＊【制作会社の■■プロデューサー】この制作会社のプロデューサーは業界に長くのさばるドンで、局Pは入社数年目の新人であったゆえ、力関係が普通とは逆であった。

＊【準備稿】決定稿の一歩手前のシナリオ原稿。スタッフにわたされ、キャスティングや撮影、スケジュール調整などの具体的な制作準備を進めるために使われる。どんなに苦労してプロットから準備稿まで書いたとしても、決定稿を書いた人が著作者となり著作権を持つ。

その二十四「苦手なヤツほどうまくいく」

昔から、好きな科目と得意な科目が違っていた。国語は好きなのに点数が悪かった。英語は嫌いなのに、なぜか成績がよかった。そのアンバランスさは今も健在だ。

あるプロデューサーに、「どんなジャンルが得意なの？」と聞かれ、「何でも！」と答えたが、「何でもっていうのは、逆に何も書けないのと同じだよ」と言われてしまった。

P子は考えた。私の得意なジャンルって何だろう？　書いていて楽しいのは人情モノかコメディ。コンクールで入賞したのもこのジャンルだし。そうだ、これからはそう答えよう！　しかし——。

どこへ行っても、「コメディが得意です！」と言うと「コメディは難しいからね*」と相手にされない。「人情モノが」と言うと「どんな分野でも人情は大事でしょう」と切り返された。そしてなぜか、来る仕事は苦手なサスペンス（トリックが全てなタイプ）ばかり。さらにその頃は「不倫モノ」が流行していた。

恋にオクテなP子には、ラブストーリーにも苦手意識があった。書きながら何度も途中で投げ出そうと思った。が、生活のため何とか最後まで踏ん張った。

すると意外にも、どちらのプロットも評判が良かった。そしてサスペンスを書いた制作会社が、連続の恋愛ドラマ（シナリオ！）を書きませんかと言ってきた。しかも最初二、三本の約束が、結局六本も書かせてもらった。もうラブストーリーはお任せ！ってな具合。

どんな仕事も食わず嫌いせずにやってみる価値はある。

＊【コメディは難しいからね】まだ三谷幸喜氏も宮藤官九郎氏も登場していなかった当時は、コメディは当たらないというのが常識で、やりたがるプロデューサーは少なかった。

その二十五「楽しくない仕事」

某制作会社から、ついに深夜ドラマをメインで書かないかと言われた。

待った甲斐があった！　この作品で認められれば、作家生活も安泰だわ！

P子の夢は膨らむ。しかし……。

「ドラマツルギーは無視してください」

それがプロデューサーの第一声。

「出演者は芝居ができないので感情の描写はいりません。漫画の実写版ってな感じで押せ押せの展開で。とにかく水着シーンをたくさん入れてください」

だよ。なに？　そんなのドラマと違う！　コントじゃん！　構成作家に頼めよ！と喉まで出かかったが、これも仕事かと飲み込んだ。

さて、帰宅してワープロに向かうが、書けば書くほど憂鬱になってくる。ちょっと気分が乗って書き飛ばしてみても、「こんなシーン、きっと演技できないか……」と削除。登場人物たちは意味なく水着を着て、そして意味なく転んでお尻が見えたりする。

P子の指は、次第にこわばってきた。頭では「書かなくちゃ」と思っているのに、なぜか指が硬直して動かない。腱鞘炎?と疑ったが、違った。

書きたくないものを書くのが、こんなに辛いものだとは。

それでも、何とか仕上げた原稿を提出。

プロデューサーの第一声は――。

「やっぱり漫画と実写は違うんだよね。本音と建前みたいな微妙な部分を表現してよ。露骨すぎるよ」

あんた、言ってること違うよ!

その二十六「楽しいホンウチ」

あるゴールデンタイムの連続ドラマのお手伝いに入ることになった。

ホンウチ(本打ち合わせ*)に出て、メインライターの提案したプロットをもとに、それを直し、箱書*までにする作業を手伝った。ホンウチには、監督やプロデューサーなど常に七人くらいで、あーでもないこーでもないと話し合う。

P子は、ここで実に貴重な体験をした。

ホンウチに参加する人たちの口からは、ポンポンと次から次へ、面白いアイデアが飛び出してくる。「それ面白いね!」と誰かが言えば、「もっとこうしたら?」と誰かが言って、さらに面白くなってゆく。自分が思いもつかなかった素晴らしいアイデアにより、ホンはどんどんグレードアップしてゆくのである。

その高揚感といったら!

よく、ダメ出しばかりで代案が出ないホンウチというのがある。あれは最悪だ。あれは単なるイジメだ。自分がウンウン苦しんで産み落としたわが子を、皆でよってたかって棒でバシバシ叩くのを見るようなものだ。

本来、直しというのは、ホンをもっと面白くするためにやるものだ。皆、ホンをいかにもっと面白くするかに知恵を絞り、議論する。それがホンウチというものだ。

そんな当たり前のことに、P子は今更ながら気がついた。こんな建設的な打ち合わせができることの幸せ。これぞ共同作業の醍醐味!

Ｐ子は、一流のスタッフと仕事ができる喜びをかみしめた。

＊【本打ち合わせ】脚本家が書いたシナリオやプロットにダメ出しをして、書き直しを要求される場。監督やプロデューサーの他、現場によっては原作者や原作出版社の編集者が立ち会うこともある。

＊【箱書】プロットを書いた後、シナリオ化する前に作る。プロットを各セクションごとに分け、それぞれのセクションに具体的なシーンや出来事、登場人物の行動を書き込むことで全体の流れや構成を視覚的に把握しやすくする。

その二十七「しっかりせい！Ｐ！」

よく、プロデューサー（Ｐ）が作家を批評している記事を見かける。たとえば世界文学全集くらい読んでおけとか。

しかしである。Ｐのほうはどうなのか？

以前、Ｐ子はあるＰから、「どんなドラマを書きたいの？」と問われ、「アリーマイラブ＊みたいなのです」と答えたら「何それ？」と言われてしまった。エミー賞を三年連続受賞し、ＮＨＫの深夜帯で高視聴率を稼いでいる名作なのに！

新旧のドラマはもちろん、映画などにも疎いＰが意外と多く、仰天することしばしばである。

勉強不足なのは作家だけではないようだ。「どんなドラマが書きたいの？」そう問われる前に、「お前はどんなドラマが作りたいんだよッ！」と聞き返したい。

もっとタチの悪いのは、視聴率や出世ばかりに気を取られ、肝心の「何を作りたいか」「何を見せたいか」というドラマ作りへの情熱を失ったPである。特に若いPに多いように思う。爺様のほうがよっぽど熱かったりする。

こんなことがあった。ある人気お笑いタレント[redacted]が主演の深夜ドラマを書いたときのこと。当時二十代後半の若造Pは、

「とにかく[redacted]を画面に出して。[redacted]が写ってりゃ一応視聴率は稼げるんだから」

と、のたまった。ドラマの筋は二の次だというのである。いくらキムタクだって、ドラマが面白くなければ視聴率はあがらないと思うんですけどねえ。しかも彼は「一応」と言った。「一応」でいいのか⁉

なんだか、すごーく虚しくなったP子なのであった。

＊【アリーマイラブ】アメリカ制作のテレビドラマシリーズ。若手弁護士アリーの、個性的な同僚たちとの日常や恋愛模様、職場でのトラブルや法廷での事件を描いたコメディ。エミー賞やゴールデングローブ賞をはじめ数多くの賞を受賞している。

その二十八「一緒に仕事したいP、したくないP」

Ｐ子のデビュー前は、プロデューサー（Ｐ）をまるで神様のように思い、作家はＰに従属する者のように思っていた。

でもそれは違う。Ｐはあくまでドラマ作りの「仲間」だと思う。

この数年の間に、Ｐ子は二〇〇人以上のＰと名刺交換し、一〇〇人以上のＰと仕事してきた。まだまだわずかな数だと思うが、それでも十人十色とはよく言ったものだ。実にいろーんなＰが存在する。その中で、Ｐ子なりに心に留めたことがある。ここにそのメモを披露しよう。

一緒に仕事をしたくないＰとは――。

①打ち合わせでホンの批判ばかりして、代案が出ないＰ。

②理由もなく締め切りをせかすＰ。

ホンウチというのは、いかにドラマを面白くするかを話し合う場である。批判は誰にでもできる。①のようなＰは、結局自分の存在をアピールしたいだけなのだと思う。

②については、虚勢を張る小物に多い。「明日までに！」と言われて、食事も風呂もろくにと

らず、寝ずに原稿を書いて送ったら、「まだ読んでない」と平気で言われたことがある。あんなこと言って、作家にプレッシャーをかけてカマしたつもりなのだろう（もちろん、制作上のスケジュールや営業上の理由で本当にせかされる場合もあるので注意）。

Ｐ子の仲間の一人が、ある仕事の現場でテレビ局Ｐにこんなことを言われた。

「僕は君の作品を認めていないし全然やる気もない。けど、上司が一緒にやれというからやるんだ」

仲間は深く傷付いて田舎に帰ってしまった。あーあ、日本のドラマ界を救う新しい才能がまたスポイルされてしまった。こんなにひどいＰ、昨今の業界に多く存在するから要注意！とは言うものの、中にはまともなＰもいる。

Ｐ子が、ある映画のプロットを書いた時のこと。提出したプロットに対して、その[redacted]プロデューサーは言った。

「これが80点だとすると、これを１２０点にするにはどうしたらいいかを考えよう」

Ｐ子は、80点をもらえたことにまず喜び、そしてそれをさらに良いものにするという建設的な意見にワクワクした。

単純なＰ子は[redacted]プロデューサーの言葉にノセられただけ。でも、実際それで俄然やる気が出た。本当に能力の120％を噴出できちゃうかも。結果、面白いものができるかも。そしたら[redacted]プロデューサーもP子も視聴者も、みんなハッピー！

他の多くのPは、ダメ出しばかりで偉そうに人を見下す。新人ライターは萎縮して自信をなくして書けなくなる。そんな弱気な奴は「ダメ」の烙印を押される。つまり、ライターを育てるのではなく、ふるいにかけているのだ。

一緒に仕事したいPとは、作家をスポイル（意図的に）するのではなくうまく使える人。それと周囲を巻き込むほどのドラマに対する情熱を持っている人。このたった二つなのに、意外といないんだよねー、こういう人。

その二十九「ギャラを下さい①」

あるTV局の[redacted]プロデューサーから映画の仕事をもらった。

アルバイト生活をしていたP子は、「ギャラはいただけるのでしょうか？」と聞いた。締め切りに原稿を間に合わせるにはバイトを休む必要があると思ったからだ。

しかし、[redacted]プロデューサーはキッと目をつりあげて言った。

「お金のためにやるのなら降りてください」

その情熱はわかるがギャラ無しはキツかった。だけどそれでチャンスを逃がすのもキツかった。

Ｐ子は質問したことを後悔して、とりあえずバイトを休んで原稿を書いた。結果、コンペで落ちて、その仕事は骨折り損に終わった。金もなければ腕もない。一番キツイ時代だった。


Ｐ子がプロットを書いて初めてもらったギャラは、一万円だった。

当時は、お金をもらえるだけで有難い！と感激したものだ。それまで授業料というお金をシナリオ学校に払ってシナリオを書いていたが、これからはお金をもらって書ける。そう思うと、とってもくすぐったい気持ちがした。もっと言うと、お金なんかもらえなくても、現場の空気を吸わせてもらえるだけで十分だった。

しかし一応デビューを済ませ、プロとしてこの仕事で食べてゆこうとしている身としては、いつまでもただ同然で働き続けるわけにはいかない。仕事に対する報酬はキチンといただかねば。

でも……自分にはそれだけの価値があるか？

半人前のくせにいっちょまえにギャラだけ請求するなんて、十年早いのでは？

そんな自問自答を繰り返しながら、Ｐ子はプロになるってどういうことなんだろう……？と考えあぐねるのであった。

その三十「ギャラを下さい②」

ギャラの請求って、どうやればいいんだろう……。

Ｐ子は電話の前で固まっていた。

プロとしてやってゆくと決意した以上、ギャラ交渉は避けては通れない難関だ。

自分の書いた原稿にギャラが支払われるようになって数年がたつ。最初はこちらから何も言わなくても、先方が勝手に振り込んでくれた。最初はプロット一本一万円だったギャラが三万円に。そして五万円に上がっていった。それは同時に、Ｐ子がプロとして認められるようになってきたというバロメーターのようなものだった。

だが、ときにギャラがいつまでたっても支払われないことがある。こういうの、一番困る。

「こんな原稿にギャラが払えるかッ」ということなのか？　それとも忘れているだけ？　うっかり請求して鼻で笑われたらどうしよう……と、Ｐ子は電話の前で固まるしかないのである。

たいていの場合、電話してみれば「あ〜、手続き忘れてました〜」という返事。中にはこっちが言うまで払う気なんてなかったんだろうなと感じることもある。そんな人もいるから、強気に出たほうがいいこともある。

でも、別の仕事で「フンッ。いくら欲しいの?」と不機嫌に返されたこともある。不相応なギャラを請求してしまったと反省した。

自分の原稿はいくらの価値があるのか?

自分で客観的に判断できる自信がないのなら、先方にゆだねるしかない。そのためにも、お互い信じ合える相手と仕事をしよう。

その三十一「思い上がった新人」

P子にラッキーチャンスが舞い込んだ。

ドラマのシナリオを書かないかという話だ。朝に放送されている、着ぐるみの主人公が活躍する子ども向けのドラマだ。こういうものは最低でも一年間は放送されるので、ライターの数が足らない*らしい。P子は二つ返事で快諾した。

番組プロデューサーに、まずはプロットを明日までに十本提出してと言われたところを、意地で十三本書いて提出した。そのうちの一本がめでたく採用となる。

「やっとシナリオが書ける！」

プロットライターを卒業できる嬉しさで、P子はモーレツに張り切った。しかし……。

ホンウチでは見事にコテンパン！　セリフの一字一句にいたるまでダメ出しのオンパレード！

しかもP子が「これは面白い！」と自画自賛して書いたシーンほど直しを要求されてしまう。

「なぜ⁉　なぜこの人たちには、このホンの面白さがわからないの⁉」

そして番組プロデューサーが要求してくる直しは、P子の本をどんどん平凡でつまらないものにしてゆくような気がした。P子は満足のゆく本直しができず、ついに一本のシナリオをあげるのに三カ月もかかってしまった。

そしてなんとかやってきた放送日――。

P子はオンエアを見てハッとした。自分のイメージしていたシーンと、実際に撮影してみたシーンのギャップ。番組プロデューサーが要求していた直しの意味が、今になってやっとわかった。

P子は、己の思い上がりと未熟さを恥じ、深く反省したのであった。
＊【ライターの数が足らない】毎週二本立てで放送されるので、一カ月で八本、一年でトータル九六本のシ

ナリオが必要という計算になる。子ども向け番組やアニメに多く、新人ライターがデビューできる数少ないチャンスでもある。

その三十二「マジック」

先輩の紹介で、P子はあるドラマ制作の現場に参加させてもらった。いわゆるブレーンという役目である。

脚本家は新進気鋭の作家に決まっていたが、長期にわたる連続ものであるため、一人で作るより大勢で考えたほうが多種多様なアイデアが出るということらしい。

会議は脚本家と監督を中心に、どういう物語の展開にするか、どういう人物を登場させるかなど、細部にわたって話し合われた。まさに共同作業である。

P子以外はベテランのスタッフばかりで、飛び交う意見は珠玉のアイデアばかり。それでも煮詰まることはしょっちゅうだった。

そんなときこそP子は、自分の出番！とばかりにアイデアを出した。しかし一笑されて却下。まるで「素人が何言ってンだ」とばかりに軽くあしらわれる。P子も素直に「バカなことを言ってしまった」と反省。しかしである。

後日参加した先輩がP子と同じ意見を言ったのである。

「先輩、それは、私が前に同じことを言って却下されて……」

と心の中で呟いたP子だが、なんと驚いたことに監督は、

「それはいいアイデアだね！」と絶賛したのであった。

そういうことが二、三回あった。同じことを言っているのに、P子が発言すると却下で、先輩が発言すると通る。なぜか？

そこには何か重要なマジックが隠されているように思う。答えのないドラマ作りの中で、いかに自分の価値観を周囲に納得させるか、作家にはそういう手腕も必要なのだと痛感したのだった。

その三十三「一人でもいれば」

P子は眠る前にいつも思う。

「あたしって才能ないのかなー」

デビュー作以降、なかなか仕事が来ないのは、自分に才能がないからでは？

そういえば、コンクール入賞を果たした当時、ＴＶ局の担当プロデューサーに別のオリジナル作品を読んでもらったことがある。彼は言った。

「君、こんなもの書いてちゃプロになれないよ」

その言葉はＰ子のトラウマになっている。コンクール入賞はまぐれで、あたしは本当はプロになんか到底なれない「駄作」を書くドシロウトなんじゃないかと。

でもＰ子自身、その「駄作」がそれほどダメな作品だとは思えなかった。だからＰ子は、その「駄作」を、シナリオライターを目指す仲間たちに読んでもらうことにした。

何人かからは厳しい批評をもらったが、たった一人、[redacted]さんだけは違っていた。彼はなんと、Ｐ子の「駄作」を読んで感動のあまり号泣したと言う。そして主人公の少女にすっかり感情移入してしまい、「あのシーンのあのセリフは良かった！」などと実に熱く語ってくれたのである。

「俺、ほんとうにこれ読んで泣いたんだ」

その言葉がＰ子にとって、どれほどの救いになったかは言うまでもない。

Ｐ子は、他の誰もが認めてくれなくても、*[redacted]さん一人の心でも動かすことができたことに自信を持ちたいと思った。それだけで、この作品を書いた意味があると思いたい。

このことを思い出したところで、ようやくP子は深い眠りにつくのだった。

＊【認めてくれなくても】自分の力を信じることしか、この仕事の支えはない。

その三十四「セクハラ⁉」

「女性ライターってやっぱ、セクハラ＊とかあるの？」

シナリオを勉強している友人が、電話の向こうで呟いた。

P子は笑い飛ばしつつ、冗談交じりに聞いてみた。

「もし、仕事あげるからホテル行こうなんて誘われたら、どうする？」

友人は真面目な声で答えた。

「アタシ、行くかも」

彼女の鼻息に一瞬引いてしまったP子だが、果たしてそんな前近代的なことが現代のドラマ界でも行なわれているのだろうか？

P子はデビュー間もない頃、ある男性プロデューサーから打ち合わせ＆夕食のお誘いを受けた。

しかもそのプロデューサーは、新人女性ライターをくどくことで有名だった。

友人の声が頭をかすめた。もし誘われたら何て断ろう……。相手の機嫌を損ねず、大人でおしゃれな断り方ってないものか？　フランス映画のセリフなんかでありそうな――こんなことなら、もっとフランス映画を見ておけばよかった……。などと悔やみながら、P子は打ち合わせ現場の喫茶店へ向かった。

店内に入ると、お待ちかねのプロデューサーが手を挙げた。彼の隣にはもう一人、若手のAPが座っていた。以降、打ち合わせに彼は必ずもう一人連れてきた。まるでP子と二人きりになるのを避けるかのように――。

あの噂はガセだったのか？　それとも同じ過ちを二度と犯さないための防御策なのか……？

真相は定かではない。が、とにかくP子がホテルに誘われたことは後にも先にも一度たりともない。それはこの世界にセクハラなど存在しないゆえか、あるいはP子に魅力がないせいか……これもまた真相は定かではない。

はたして女性ライターが体を武器にして仕事をとるなんてことがあるのだろうか？

いろいろ噂は聞く。

「[redacted]さんはいつも胸の大きく開いた服を着ていて、男性スタッフに人気がある」とか、「[redacted]

さんは大物プロデューサーの愛人になって仕事を教えてもらった」とか。

こんなことがあった。ある深夜ドラマに登板したときのこと。Ｐ子は、どうもスタッフと上手くコミュニケーションがとれず行き詰まっていた。

そこへ現れたもう一人の女性ライター。彼女は、スケスケのスケルトンルックで現れ、Ｐ子の度肝を抜いた。男性スタッフは全員、彼女の言いなりとなり、煮詰まっていたドラマ制作もスムーズに進行したのであった。

目の前で繰り広げられたスケスケ効果に、Ｐ子は目を丸くした。

さらに追い討ちをかけたのは、男性Ｐの言葉だった。

「Ｐ子ちゃんて学校の先生みたいで、色気感じないよナ」

もしかして、デビュー二年経っても仕事がないのはそのせいなのか⁉

Ｐ子は真剣に悩み、整形手術をしようかとさえ思った。でもそんな金はないから、せめて服装や化粧に気を配り、毎朝毎晩、笑顔トレーニングに励んだ。そして数カ月後——。

男性Ｐから夕食のお誘いがあった。Ｐ子はフェロモンのひとつでも出して、仕事をとってやろうじゃないのッと意気込んだ。だが、男性Ｐが言うことにゃ、

「Ｐ子ちゃんには全然女を感じない」

ズルッ。そして続けた。

「だから安心して一緒に仕事できるんだよナ」

P子はフッと肩の力が抜けた気がした。

＊【セクハラ】現在はもう熟年なのでセクハラの心配はなくなりほっとしている。

Diary 3　理想と現実のはざま（二〇〇〇年〜）

その三十五「100点より80点⁉」

Ｐ子がデビューして二年が経とうとしていた。たまに書くシナリオの仕事も、制作サイドの要望に応えるのに必死で、自分の作品を書いているという実感がない。

「これってホントに面白いの？」

常にそういう疑念を抱きながら妥協して書いている気がする。だからオンエアを見て予想通り面白くなかったりすると、

「ホラやっぱり。だからＰ子が言ったとおりにすればよかったのにぃ」

と悔しがる。

かといって、打ち合わせで自分の主張を押し通す力も勇気もない。頑固になっても嫌われるし、理路整然と説得しても、「君の言ってることはわからない」と一笑にふされるだけ。自分が面白いと思うものを、他人にも面白がってもらうことのなんと難しいことか！

ある監督が言った。

「自分が100点満点で面白いと思うものでも、制作側に認めてもらえず形にならなければ、それはタダの紙くず。ならば80点にレベルを落とせ。妥協しても形になるのなら、そっちのほうが勝ちなのだ」

と。P子はこの言葉を聞いて「そんなのヤダ！」と思った。80点のものは80点でしかないじゃないかッ。自分が100%面白いと思わないと、本当に面白いモノなんて書けないじゃないかッ。

……しかし、現実は監督の言うとおりなのだ。

P子は、理想と現実のはざまで苦しむ。そんなとき、ある青年と出会ったのである。


ある宴会の席で、脚本家志望の青年に出会った。彼は上京して五年になるという。しかし、書いても書いても彼のホンは認められず、なかなかデビューできないでいるとのこと。

「焦らない？」

とP子が質問すると、彼は平然と答えた。

「俺の作品が面白くないと言われても、それは読み手にセンスがないから。いつか俺のセンスをわかってくれる人間が必ず現れますよ」と。

そして彼は続けた。

「いつか俺の時代が来ると信じてますから！」

――なぜそんなに自信があるのだろう？　Ｐ子には彼がまぶしく見えた。

そして一年後――。彼は劇場用映画で華々しくデビュー。その後もヒット作を連発し続け、そしてついにカンヌ映画祭にまで行ってしまった。今や新進気鋭の脚本家である。まさに彼の時代が来たのである。

「スゴイッ！」

Ｐ子は心底そう思ったのだった。

その三十六「ピンチはチャンス」

そこには六人の新人ライターがいた。ある連続ドラマで、メインライターが行き詰まってしまったため、助っ人としてプロデューサーが急遽集めた人たちだった。

六人は、メインライターが書いたプロットをもとに、第五話から第十話までの箱書を手分けして書くように依頼された。

新人にとって、こういう場はチャンスになる。ピンチヒッターで書いたものが認められてブレイクした、という話はよく聞くからだ。六人の胸中にも、「ひょっとしたら」という気持ちはあっただろう。P子もその内の一人だった。

さて、座っている順番に第四話から順に振り分けられ、P子は第六話の担当になった。しかし、不幸なことに第六話のプロットだけが欠落していた。他の話はメインライターがある程度の展開と流れを作っており、それを基に箱にしてゆけばよかったのだが、第六話だけはアイデアがなかったらしく、白紙状態だったのである。

「申し訳ないけどP子ちゃん、何か考えて」

考えてって言われても……今日いきなり呼びつけられて、どんな企画でどんな物語で、しかもどんな登場人物なのかもわからないのに、いきなり第六話の展開なんて考えられるかいッ。しかもタイムリミットはたったの三日！

貧乏くじを引いてしまった。P子はピンチに陥った。他の皆さんは与えられたプロットをもとに書く段取りを掴めた様子。なのにP子だけは、何を書けばいいのかさえわからず、ただボーゼンとするばかり。

まずこのドラマのテイストがわからない。どんなドラマを作ろうとしているのか？　企画段階から参加していたわけじゃないからわからない。与えられているのは、メインライターが書いた第一話のシナリオだけ。どうもコメディらしいことだけはわかる。連続ドラマなんだから、自分の好みだけで書くわけにいかない。テイストを摑んで踏襲することは必須だ。

P子はワープロを離れてテレビをつけた。岡崎友紀*が主演の、懐かしいコメディドラマをやっていた。

「これだ！」

P子は膝を打った。きっとこのテイストを狙っているに違いない！　そう思った途端、P子の頭の中で何かが動き始めた。

それからは夢中で書いた。プロットがないから、自分の発想で自由に書けた。そして締め切りの一日前に提出した。翌日、P子の電話が鳴った。

「あなたの第六話だけプロットがなかったのに、よくここまで話を考えて書いてくれました」

と感謝された。一番乗りで原稿を提出したのも良かったらしい。

ピンチがチャンスに転じた瞬間だった。

＊**【岡崎友紀】**一九七〇年代に活躍した歌手、女優。『ママはライバル』『なんたって18歳！』などの大ヒットコメディドラマで主演し、明るく愛らしい演技がお茶の間で人気だった。

その三十七「クレジットに名前は出ずとも」

「新年会しましょうよ」と気軽にかけた電話が、一本のアルバイトにつながった。二つ返事で引き受けて、連続ドラマの箱書を一話分だけ書いた。

それが運良く認められて、気がついたら、後半全部のストーリー作りに参加していた。

打ち合わせでだいたいの展開を話し合い、P子が詳細なプロットにして、それをまた叩き台にして話し合い、箱書にしていった。

箱書と言っても、ほとんどシナリオ初稿レベルのもので、P子のオリジナルアイディアもかなり盛り込んである。しかし、クレジットにP子の名前は出ない。普通なら「脚本協力」とか「企画協力」とか名前を載せてもらえるはずだが、メインライターの顔を立てなくてはいけないという事情があったようだ。

それでもP子は構わなかった。連ドラ制作の現場に参加させてもらえるだけでも有難かったし、有能なスタッフたちの意見を聞くだけで、十分に価値のある時間をもらっていると思ったからだ。

今回は、メインライターの「助っ人」という立場に徹しよう。P子は腹をくくった。

中には、メインライターに先駆けてシナリオを書き、プロデューサーに売り込んで仕事を奪い取った新人ライターもいると聞くが、P子にそんな度胸はなかった。とにかく、メインライターが決定稿にしやすい原稿を提出しよう。そういう気持ちで書いた。

そんな臆病なP子の態度は、メインライターを大いに安心させた。だがそれが、その後のP子の運命を左右することに……。

文句一つ言わず、プロットから箱書までの原稿を黙々と書いてくるP子に、メインライターは「ほんとうにありがとう」と無邪気に笑った。

そんなある日。P子のもとへ、別のチャンスが舞い込んだ。別クールの連ドラのプロット募集だった。そのドラマは、P子が以前から「書きたい！」と思っていたものだ。

P子は、スケジュールを調整しなくてはいけないと思い、メインライターにその仕事のことを話した。すると彼女は、

「そんな仕事、やめたほうがいいよ」

と断言。P子はもつれる声で、

「でも、あたし、このドラマ前から好きで、是非やりたいと……」

「ううん。やめたほうがいいと思う。いいように利用されるだけだって！」

そう言って、彼女は携帯電話を取り出した。

「どこへ電話されるんです？」

「そのドラマのプロデューサー、あたし知ってるから。断りにくかったら、あたしから断ってあげるよ」

「エッ⁉」

「絶対やめたほうがいいって。悪いこと言わないからサ」

「え、でも、あの……」

Ｐ子がシドロモドロしている間に、彼女は電話口に出たプロデューサーと話し始めた。

「今、Ｐ子さんには私の仕事を手伝ってもらってるんで、そっちは無理だと思います」

唖然とするＰ子を振り返って、彼女はにっこり笑った。

「断ってあげたよ。良かったね。その分、こっちの仕事よろしくね！」
＊【別クール】クールとは、テレビドラマの放送期間を示す用語。一クール約三カ月間で、通常一〇～一三話のエピソードで構成される。

その三十八「下書き要員生活」

連続ドラマの後半八本分のプロットと箱書をP子が書き、それをメインライターがシナリオにしてゆく。その際、大幅に改訂されるものもあるが、ほぼP子の箱書どおりのものもある。

昔は、一人でプロットから決定稿までを書ききる力のある作家が多かったと聞くが、最近は、こうして複数のライターが共同作業で本を作る場合が多いようだ。

それにしても、他人が書いた箱書をシナリオにするというのは、どんな気持ちなのだろう。やりやすいのか、やりにくいのか？

そんなある日、知人の映画監督が気の毒そうな顔をしてP子に言った。

「P子ちゃん、それだけ書いてクレジットに名前が出ないのはおかしいよ」

P子は、下書き要員に徹すると心に決めたときから、クレジットのことは考えないようにしていた。でも、そう言われてみるとそうかな……。

なんだか、一生懸命やったことが、誰にも認められずに終わってゆくような虚しさが、P子の胸中に広がった。

Ｐ子は、勇気を振り絞って番組プロデューサーにお願いをした。

「脚本協力でいいから名前をのせてください」

番組プロデューサーは、

「メインライターに聞いてみるよ」

と答えた。なぜメインライターに聞かないといけないのかわからなかったが、とにかく無事に「許可」を得て、Ｐ子の名前がクレジットに出ることになった。

しかし、出たのはなぜか２本分だけ。もっと協力したはずなんだけどナ。

釈然としなかったが、やはり画面に自分の名前が出るのは素直に嬉しかった。

その三十九「脱・脚本協力」

「脚本協力」として連続ドラマの下書き要員に励むＰ子。ゼロからプロットを考え、箱書まで練り上げても、シナリオ決定稿を書かない限り、それは「脚本協力」だ。

あとで知ったことだが、「脚本協力」には著作権が発生しない。つまり、ビデオ化や海外での放映が決まった場合、メインライターには印税がドッサリ入るが、脚本協力にはゼロということだ。「シナリオを書かねば金にならん！」ということだ。

そんなある日、棚からぼた餅が落ちた。

「P子ちゃん、最終回のシナリオ、書かない？」

「エッ⁉　シナリオですか⁉」

なんでも、メインライターの原稿が遅れに遅れ、このままではスケジュールが間に合わないという。

「しかし、最終話なんて大事な回を……」

尻込みするP子だが、よっぽどの緊急事態なのだろう。引き受けるしかなかった。

「脚本協力」から「脚本」に昇格した瞬間だった。

俄然、気合が入る。だが、締め切りはなんと明後日！　最終話のストーリーは口で説明された。

「主人公がこうなって、ああなって、こうなっちゃうんだ。だいたいこんな話。ヨロシク」

よろしくって――それで明後日までに初稿とな⁉　無理だ！　でも、無理なんて言ってる場合じゃない。放送は始まっちゃってるんだから。

P子は自室に引きこもった。部屋のカーテンを閉め、昼か夜かもわからないようにし、腹が空けばすぐにかじれる所にパンを置いた。六畳一間の真ん中に机を置き、P子は気合を入れる。

たった四十八時間のリミット。これは自分との戦いだ！

Ｐ子は最初の一行を書き出した。それからあとの記憶はない。気がつけば、「完」の文字を打っていた。

時計は五時を指していた。カーテンを開けると空は暗かった。「今日は何日？」ちょうどそのとき、新聞配達員が朝刊を投げ入れた。日付を見る。どうやら締め切りに間に合ったようだ。白紙の状態から三十六時間で六十分ドラマを書き上げた。Ｐ子の新記録だった。

さて、その後の運命は――。

ドラマは視聴率低迷のため打ち切りとなり、Ｐ子の書いた最終話は放送されることなくお蔵入りとなってしまった。原稿料もほとんどもらえなかった。

ありえない、こんな仕打ち……。だが無名の新人ライターにはよくあること。

Ｐ子は、自分が白紙の状態から三十六時間で六十分シナリオを書き上げたことに自信を持ち、前向きに明るく生きてゆこうと決意……するまで相当の月日を必要としたのであった。

その四十「第二のステップ」

なかなか努力が報われないP子は、心身ともに疲れ果て、奈良の寺へと旅立った。

お坊さんの説教を聞きながら、

「自分はやっぱりこの仕事、向いてないんじゃないかなー」

なんて考えていると、突然携帯電話が鳴った。

「P子さん、すぐに東京に戻ってきてください！」

何事かと聞けば、秋のスペシャルドラマのライターが、緊急入院してしまったという。シナリオ初稿はおろか、プロットもできていない状態。しかもクランクインまでたったの十日しかない。

「P子さん、助けてください！」

と、プロデューサーの悲痛な声。

そのドラマはシリーズ化されていて、以前、P子も手伝ったことがある。ドラマのキャラクターやテイストを熟知していて、しかもありえないほど切羽詰ったスケジュールを承知して書いてくれるライター……そんなのP子くらいしかいないわけである。

だが、Ｐ子の表情は曇っていた。

「またそんなキツイ仕事？」

そういう無茶な仕事を引き受けて、ロクな結果を生まないことは、過去にイヤというほど経験済みだ。頭の中に五文字が浮かんだ。

「やめておけ」。

Ｐ子は電話に向かって言った。

「わかりました。すぐに戻ります！」

自分でもバカだと思う。でも、「助けてください」と言ったプロデューサーの声が心に響いていた。自分を必要としてくれている。こんな、才能も技術もない青臭い新人ライターの自分を。

Ｐ子は力強く地面を蹴って、電車に飛び乗った。


旅先から急に呼び戻されたＰ子は、深夜のロイヤルホストにいた。監督と二人でやっつけ仕事でプロットを練る。入院してしまった前任ライターは、原稿が白紙のまま、クランクインの十日前まで仕事を手放さなかった。現場のことを考えると、どうしてもっと早く他のライターにバトンタッチしなかったのだろうと憤りさえ感じるが、今はそんなことを言っている場合ではない。

監督が思いつくまま、「そこで主人公はこうなってああなって」と説明するストーリーを、メモ用紙に書きとめてゆく。P子も、主人公の感情線に矛盾が生じないか、物語のテーマをどこにもってゆくかなど、自分なりに考えながら話の展開に頭をひねる。

こうしてなんとか（とても適当に）作りあげたプロット。時計は深夜四時をさしていた。

「じゃ、P子さん。あとはヨロシク」

そのままタクシーに乗って帰宅。シャワーを浴びて机に向かう。シナリオ初稿を書き始める。一字一句を考える時間はない。とにかく書き飛ばす。明日までに、二時間ドラマ・ペラ二四〇枚*。その原稿を、首を長くして待っているスタッフがいる。美術さん、大道具さん、衣裳さん、役者さん……。原稿が遅れれば、彼らのスケジュールにも支障をきたし迷惑がかかる。P子のせいではないが、今はP子の肩に責任がのしかかっている。

翌日、P子は書き上げた。栄養ドリンク飲んで、局へ走る。そのまま準備稿打ち合わせ。

「お疲れ様。何とか間に合いそうです」

感謝され、P子は局をあとにした。でもギャラは、なぜか入院したライターと折半だった。

＊**【ペラ二四〇枚】**ペラとは二〇〇字詰め原稿用紙のこと。学校の作文などで使う四〇〇字詰め原稿用紙だと一二〇枚である。今思うとめまいがする。

その四十一「打ち上げパーティでうひょうひょ」

たった二本だけ書いた連続ドラマの打ち上げパーティに呼ばれた。

P子は早速デジカメ*を買った。だって、芸能人に会えるチャンスなんだもん！　P子はすっかりド素人になり下がっていた。

立食パーティ会場の扉を開けると、中はまぶしい光に満ち溢れていた。ブラウン管で見る美男美女が、目の前でビールを飲んだり食事をしたりしている！

そして驚いたのは、ブラウン管では堂々とした存在感を放つ彼らが、実際はとても華奢で小さいということ。主演女優などは顔がアボカドほどの大きさしかない（ちょっと言い過ぎ）。

「脚本家のP子さんです」

とプロデューサーに紹介され、主演女優は、

「どうもお世話になりましたぁ」

と律儀に頭を下げた。

P子はひたすら恐縮した。世話になったのはこちらのほうである。下手な脚本がそれなりの作

品に仕上がったのは、彼女たちの演技力と華のおかげだ。

超有名人に頭を下げられ動転したP子は、思わず口走った。

「写真、一緒に撮ってもらえますか?」

快く返事をいただき、ピースしてパシャリ。口火を切ったように、次から次へと出演者たちと写真を撮った。プロデューサーに、

「シャッター押してください!」

とカメラを押し付け、先輩ライターに、

「このアングルでお願いします!」

と命じ、P子は人が違ったように偉そうだった。

後日、別の現場でこのパーティの話になったとき、「やたら写真を撮ってはしゃいでいた人がいたらしい」と話題になった。それが自分だとは言い出せないド素人P子であった。
＊【デジカメ】まだスマホのない時代、写真はポケットカメラで撮った。わざわざカメラを持ってくるということは、撮る気満々で来ているということがバレバレで、ちょっと恥ずかしい行為だった。

その四十二「P子の夢」

ドラマの打ち上げをかねたクリスマスパーティに招かれた。

この手のパーティは二回目なので、前回のようなド素人ぶりは発揮しないでおこうと心に誓った。有名人との写真も二枚ほどに抑えよう（やっぱ撮るのか⁉）。

今回のパーティは丸いテーブルに着席スタイル。なんと出演者のテーブルはP子のテーブルのまん前。素顔で談笑する彼らを間近で見ていると、ふと、自分もその中に入っていけそうな錯覚に陥る。

P子は考えた。第一線で活躍する彼らと、自分の違いって何だろう？　自分には何が欠けているのだろう？　自分はあそこのテーブルに行くことはできないのだろうか？　いつかきっと一流になって、彼らの座っているあの席に混ざって、気軽におしゃべりできるようになりたい。

「君、芝居うまくなったね」なんて、中井貴一*に言ってみたい。

しかし今のP子は何者でもない。ただの脚本お手伝い。打ち上げに呼んでもらっただけでも恐縮もの。いつかメインライターとなって、制作の主要メンバーとして彼らと共に労をねぎらいたい。いつか必ず、そうなってみせる。

そう決意をあらたにしたとき、仲間由紀恵*がP子の足を踏んだ。

「あっ、ごめんなさいっ」

妖精のように振り向いた彼女に、「いいえ」と余裕の笑みを浮かべるP子。態度だけ大物脚本家。しかし心の中は「仲間由紀恵が私の足をっ！」とド素人丸出しに喜ぶP子なのであった。

＊**【中井貴一】**映画賞やドラマの賞を多数受賞している実力派俳優。コメディからシリアスな役までさまざまなジャンルで活躍している。
＊**【仲間由紀恵】**当時まだ二十代の清純派女優。美しい容姿と気品のある雰囲気は、まさに妖精のようだった。

その四十三「プライドか金か」

某局で長丁場の連続ドラマを手伝うことになった。メインライターが私用で一カ月ほど現場を離れるために、代わってP子がプロットを引き継ぐはずだった。

しかし現場は、プロットどころかまだ設定や登場人物さえ決まっていなかった。そんな状態で

現場を離れるような作家をメインにする局も局だし、引き受ける作家も作家だ。だがそんなことを今更ぼやいても仕方がない。

十人ほどのスタッフが知恵を絞って、無理矢理物語を紡いでゆく作業が始まった。初めは調子に乗ってポンポンアイデアを出していたP子だったが、おじさん達はちっとも相手にしてくれなかった。だが同じ意見をメインライターが発言すると、「それはいいアイデアですね！」と言って即採用。なんだか現場は力関係で動いているようだった。

P子は次第に、自分の役割がわからなくなっていった。そのうち、

「P子さんには議事録*を作ってもらいましょう」

と言われ、毎回、各スタッフが発言した内容を書き留めるだけの「筆記者」となった。

プロットライターとして参加したはずなのに……と、P子の小さなプライドはズタズタになったが、これも現場の勉強と、自分に言い聞かせて耐えていた。

いや、正直に言おう。P子を引き止めるもうひとつの理由、それは……月給制だ！　週一回の筆記でOL並の拾料が毎月振り込まれる！

P子は作家のプライドより金をとったのだった。

＊【議事録】普通、ホンウチで議事録をとるようなことはない。これは完全にクビ宣言だったに違いないと

思う。普通の神経なら「降ります」と言うだろう。しかし「おいしいアルバイト」だと思えば、ありがたい金額だった。したたかに生きよう。

その四十四「チャンスっていうのは」

「P子ちゃん、チャンスだよ」

親しくしている制作会社のプロデューサーが言った。

ある人気女優が所属している事務所*の社長が、直々に制作会社へ連続ドラマの企画を持ち込んできたという。そのプロットを、P子に書かせてくれるというのだ。企画が通ればシナリオも書かせてもらえるかもしれない。人気女優を看板にした企画は通りやすい。かなりの確率で実現を期待できる。

これはチャンスだ！　P子は目を輝かせた。

事務所の社長が提示してきた企画は、所属女優扮する女主人公が活躍するヒューマンドラマ。その世界観にはP子も共感でき、楽しくプロットを書くことができた。事務所の社長もP子の原稿を気に入り、いい感じで打ち合わせは進んでいった。しかし……。

おおかた決定稿という段階で、突然、主人公の相手役の男優もフューチャーした内容にしてほしいとオファーがあった。テレビ局側の意向らしい。ここからどうも、ドラマの内容云々というよりは、いかに女優と男優を立てるかといった話し合いになってきた。

二人の俳優を立てる筋立てに書き換えると、どうしても物語の展開に矛盾が生じてしまう。すでに頭の中で完結していた物語を、今更どう書き直せばいいのかわからない。こうなると、もはやP子の手には負えない。

「降りたい――」

P子は思った。しかし、ここで降りればせっかくのチャンスをふいにしてしまう!

P子は葛藤しつつ、震える手で改訂原稿を書いた。納得できない原稿が出来上がった。

「これでもチャンスというのだろうか?」

P子は疑問に思った。

あんなに望んだ仕事なのに、やっていて楽しくない。

シナリオ学校に通っていた頃は、ドラマを考えるのが楽しくて楽しくてしょうがなかった。これを仕事にして食べていけたら、どんなに人生は楽しいだろうと思っていた。

なのに今、その夢を実現しつつあるのに、ちっとも楽しくなんかない。そればかりか、ドラマを考えることが嫌にさえなっている。これはどうしたことか？

仕事だからか？　好きなドラマばかり書けないからか？　だったら、自分はシナリオを職業にすることに向いていないのではないか？

Ｐ子はワープロに向かうことさえ嫌になっていた。

だが、ある日、ふと思った。

Ｐ子は、人を楽しませたいと思ってこの職業を目指したのに、いつの間にか自分が生活するためにドラマを書いている。

仕事をもらうために、プロデューサーの言うままに原稿を書いて、プロデューサーやスポンサーに気に入られるために、視聴率をとるために、自分が出世するために、ドラマを書いている。だから、面白くないいんだ。だから、達成感がないいんだ。だから、仕事に喜びを感じられないんだ。チャンスって、自分が出世するチャンスじゃない。これなら絶対に多くの人に面白がってもらえる、感動してもらえる、そう思えるドラマ作りに参加できることをチャンスというのだ。

出世が期待できても、つまらないドラマを書くのは、チャンスとはいえない。

自分が面白いと思えるドラマを書くこと。それができる環境*にめぐり合えることがチャンスなのだ。

＊【人気女優が所属している事務所】芸能事務所が、所属俳優を売り込むためのドラマを企画して制作会社やテレビ局に売り込むことがある。人気俳優が主演のドラマだと視聴率が見込めるのでスポンサーもつきやすい。

＊【それができる環境】かつて高倉健さんはおっしゃった。いい風に吹かれていたいと。そしていい風に吹かれるには、自分が意識していい風の吹きそうなところに自分の心や身体をもっていかないといけない、じっと待っていても吹いてこないと。

その四十五「記念日なんていらない？」

漫画家の[redacted]氏のエッセイで、こんな記述があった。

「X月X日は私の漫画家デビューが決まった日。この日は毎年お祝いすることにしている」

P子は考えた。自分の脚本家デビューが決まった日って、いつだっけ？

……思い出せない。確か、テレビ局のプロデューサーから電話がかかってきて、何本か提出したプロットのうち1本を採用します、みたいなことを言われたんだっけ……。

P子は、引き出しの中から古い日記帳を引っ張り出し、ページをめくった。

「X月X日。[redacted]テレビより電話あり。デビュー決定！」

と、ちゃんと記載してある。よほど嬉しかったのか、ハートマークがいっぱい描かれてある。

まるで人生の一大事といわんばかりに。

だが、それから数年たった今、その日はP子のなかですっかり忘れ去られている。

そして、今こうしてデビュー決定の日が判明したあとも、特にこの日を記念日にしようとは思わない。なぜなら、記念日にするほど、この日を境に何かが変わったとは思えないからである。

確かに、その年のビッグニュースではあったけれど、その日を境にプロの脚本家として活躍できたわけじゃなし。P子にとって、「デビューが決まった日」は、「お年玉付き年賀はがきで三等をとった日」くらいの価値しかないのである。どちらかといえば、「シナリオライターを目指して会社員をやめた日」のほうが、よほど感慨深く、毎年祝いたくなる日だ。

それは九月三十日だ。はっきり覚えている。

その四十六「饅頭とP子」

饅頭を見ると思い出す。

数年前、P子はアルバイトをしながらコンクールに投稿する日々を過ごしていた。

シナリオ学校に通いはじめて四年目。一次予選にも入らない。自分には才能がないから、もう諦めよう。このままアルバイト先で資格をとって、就職しよう。そんなふうに思い始めたとき、突然、地方局の小さなコンクールに入選した。

心底嬉しかったが、それは「新人登竜門」的なものとは違い、番組宣伝の一環として設けられたストーリーコンクールだった。だから、入選したからといってデビューのチャンスがあるわけではない。

P子は、翌日の朝刊に載った自分の入選記事を握り締めながら、いつものようにアルバイト先のデスクで仕事を続けた。しかしである。突然、身に覚えのない理由で、P子はアルバイト先をクビになった。なぜ？　どうして？　口惜しさでいっぱいになりながら、P子はクビになった職場をあとにした。

帰り道、商店街の饅頭屋に立ち寄った。惨めな自分を少しでも挽回したかったのだろう。P子は、鞄から例の入選記事を取り出して饅頭屋の女将さんに見せた。

「ほら、私コンクールに入選したんです」

女将さんは、

「まあすごいわね！　ちょいとアンタ」

と奥にいたご主人を呼び出して、見知らぬ客の話を我がことのように喜んでくれた。

「これ、いつ放送されるの？　絶対見るわね。他のお客さんにも宣伝しておくわね」

包装紙に包まれた饅頭の温もりを、Ｐ子は今でも覚えている。

その四十七「Pは神様じゃないよ」

プロデューサーは神様だと思っていた。脚本のことは何でも知っていて、新人Ｐ子をビシビシ鍛えてくれて、一人前にしてくれる神様だと。

ところがこれまで出会ったプロデューサーは、ことごとくホンのセンスがない。

「このシーン、もっと面白くならないかなあ。例えば……こういう感じ」

と、出してきた代案は、信じられないほどつまらない。そんな代案を使うくらいならワシの書いたもののほうが数百倍いいのにと思う。途端に、目の前の神様が普通のオッサンに見えてきて失望する。

しかしである。Ｐ子はとんでもない思い違いをしているのである。

プロデューサーは、ホンのセンスがないからプロデューサーなのだ。もしプロデューサーにバツグンのセンスがあるなら、その人は脚本家になったほうがいい。元来プロデューサーは、作品を第三の目で見て「面白くて当たるモノ」に仕上げる責任者であって創作者ではない。ホンを書くのはＰ子だ。

もっと言うと、プロデューサーはＰ子の「上司」ではない。プロデューサーはドラマ作りの先輩である（場合が多い）が、立場的に上下関係はない。プロデューサーの言っていることが違うと思えば違うと言っていい。

ときに、プロデューサーはいろんな制約の中で、成立し得ないような無理難題を注文してくることがあるが、そこで腹を立てて匙を投げるのも自由だ。でも、成立し得ない話をいかに成立させるか知恵を絞るのが、プロの脚本家の仕事でもある。と、ある先輩脚本家に教えてもらったことがある。

それ以来、Ｐ子はプロデューサーと喧嘩しなくなりました。

その四十八「鼻先のにんじん」

Ｐ子を可愛がってくれる制作会社の社長がいる。その人は、「Ｐ子くんを買っているんだよ」と言って仕事をくれる。でも脚本の仕事ではない。まずは企画書である。

Ｐ子は、「もしこの企画が通ったら、脚本を書かせてもらえるかも」と思い引き受ける。だけど企画は通らない。その繰り返しで三年がたつ。

そんなある日、Ｐ子が書いた連続ドラマの企画書が認められ、ついに制作が決まった。社長は、

「何話かはＰ子くんに書いてもらうよ」

と言った。喜ぶＰ子。

しかし数日後になって、

「メインライターが一人で全話を書くと言ってきかないんだ」

と、社長は気の毒そうにＰ子に言った。残念。そしてまた、新しい企画書の仕事*をくれた。

それからまた一年ほどがたった。Ｐ子はまだプロットライターだった。今度は、大物女優を主演にした二時間ドラマの企画を考えてくれと言った。Ｐ子は三本ほどのオリジナルストーリーを考えて提出した。

「今度こそ、企画が通ったら脚本も……」

思い切って社長に頼んでみた。社長は即座に答えた。

「いや、これはもう脚本家は決まっているんだ」

Ｐ子は真っ青になった。Ｐ子が考えたオリジナルストーリーなのに？　そんなのってアリ？

しかも社長は、Ｐ子の目の前で某大物脚本家に電話をし、脚本依頼をしたのである。

「あたしはいったい何……？」

無名の新人脚本家というのは、ここまで立場が弱いのか。悔し涙がＰ子の瞼を濡らした。

＊【企画書の仕事】企画書が通ってドラマ化される可能性は０・３％くらいしかない。企画書の仕事は、業界とのパイプを作り、棚から落ちたぼた餅を瞬時に拾うためのスタンバイだと思っておいたほうがいい。

その四十九「取材されちゃった！」

Ｐ子が、雑誌の取材を受けることになった。それは転職がテーマで、普通のＯＬから脚本家に転身したＰ子を取り上げるという。

転身……その言葉にひっかかった。Ｐ子はまだ「さなぎ」状態であって、孵化していない。不安な気持ちを素直に編集者にぶつけてみた。

「私、まだ無名だしヒット作もないし、アマチュアに毛が生えた程度なんですけど」

すると編集者は明るい声で言った。

「ええ、あまり売れてない方のほうがいいんです」

P子はホッとすると同時にムッとしたが、とにかく取材を引き受けることにした。

さて、取材当日。訪ねてきたカメラマンとライターさんは、P子の粗末なアパートを見て拍子抜けしたようだった。P子は心の中で呟いた。ごめん、東京タワーの見えるマンションじゃなくて。

気を取り直したライターさんが質問する。

「打ち合わせはテレビ局で？」

「いえ、近くのファミレスとかで」

「出演者との顔合わせは？」

「いえ、会うのはプロデューサーと監督だけです。役者さんなんて会えません。打ち上げにもめったに呼んでもらえないし」

予想外の三流脚本家ぶりに、ライターさんは困ったような顔をした。

でもP子は、自分がなぜ脚本家を目指したか、将来どうなりたいかを続けて語った。そのうち自分が自分自身の言葉に励まされていることに気がついた。

出来上がった記事は、「夢をあきらめない！」と見出しがついていた。

「あたしも頑張ってるな」と思うP子であった。

その五十「ライバルの成功」

プロット書きをしていた某制作会社から電話があり、いきなり深夜連続ドラマのシナリオを書いてくれと言われた。予定していたライターが突如降板したという、よくあるパターンだ。

ドラマはすべてオリジナルストーリーで、全十二話をP子ともう一人の新人ライターが手分けして書く。はじめの割り当てではP子が二〜三本、残りを企画段階から参加していたもう一人のライターが書くことになっていた。

だがそれで満足するP子ではなかった。彼女より面白いものを書こう、そして一本でも多くの話数を書こう！　P子は闘志を燃やした。

だが、ライバルの書いたホンはとても面白く、P子はショックを受けた。負けてたまるか！　P子頑張る。するとライバルもまた頑張ってくる。そのうち、P子はライバルのホンを読むのが楽しみになってきた。それほど彼女のホンは面白かった。

結局、P子も頑張った甲斐あって、当初の予定を大幅に上回る六話分を書かせてもらって無事に仕事は終わった。

彼女もＰ子も、制作会社に足元を見られ、安いギャラで買取契約（二次使用料などは支払われない）だった。お互いまだ無名だけど、くじけず頑張ろうね、なんて励ましあって別れた。

だがその後、彼女はゴールデンの連続ドラマを次々とヒットさせ、今や第一線で活躍する売れっ子となった。

Ｐ子はライバルに先を越された口惜しさよりも、「彼女はきっと出世する」とあの時思った自分の勘が的中して、嬉しい気持ちで一杯なのであった。

その五十一「体が資本」

Ｐ子の初夢は当たる。

その年、Ｐ子はある人気女優と一緒に登山をする夢を見た。頂上にたどり着くと門番がいて、まだ開門の時間ではないという。女優はそのまま待つと言うが、Ｐ子は開門まで傍らの温泉（なぜかある）で疲れを癒したいと思う。しかし、Ｐ子が温泉でゆっくりしている間に門は開き、女優はめでたく頂上へ。そしてＰ子は取り残されてしまう。

ハッと目が覚め、嫌な予感がした。

そして一年後。P子は夢に出てきた女優と一緒に仕事をする機会に恵まれた。それは女優にとってもP子にとってもビッグチャンスだった。幸い、P子の原稿の評判もよく、仕事は順調に進んだ。

しかしである。P子は何となく体に異変を覚えはじめていた。微熱が続き、腰や胃腸が痛む。体のあちこちに謎の痣。体がだるく、集中力が持続しない……。病院検査ではどこも異常なし。だが確実にP子の体は弱っていった。

友人に紹介されて漢方薬局へ相談に行くと、P子の脈拍を診た漢方医は言った。

「体の中で戦争がおこっている」

肝臓、膵臓、腎臓のバランスが崩れ、ひどい状態だという。デビューしてから数年間の無茶な生活が原因だという。

夜中に起きて原稿を書き、コンビニのおにぎりで夕食を済ませ、お風呂は湯船に浸からずシャワーだけ。溜めに溜めたストレスが、P子の体を少しずつ確実に蝕んでいった。

体調を壊し、思うように仕事ができない。チャンスを目前にして歯軋りするP子。

門が閉まってしまう……!

その五十二「仕事か愛か」

チャンスはいつもなぜか、一番きて欲しくないタイミングでやってくる。

Ｐ子には、目の中に入れても痛くないほど可愛がっている愛犬がいる。Ｐ子の上京とともに田舎においてきてしまったが、三カ月に一度は愛犬に会いに帰っている。Ｐ子のなけなしのギャラは、その交通費に消えているといっていい。

その愛犬がある日、ご飯を食べなくなったという。どうやら具合が悪いらしい。Ｐ子はすぐに帰省する準備をした。だがそのとき電話の音がＰ子を引きとめた。[redacted]テレビが新ドラマの企画募集をしていて、明日、その打ち合わせがあるという。

Ｐ子は迷った。帰るべきか否か。

実家へ電話して愛犬の具合を尋ねる。獣医の話では検便の結果次第だという。Ｐ子は、とりあえず今夜は東京にとどまり、明日の朝、獣医に電話して検便の結果を聞いてみようと思う。

そして翌日。検便の結果は異常なしとのこと。Ｐ子はひとまずホッとして、今日の打ち合わせに出てから帰省しようと決める。

[redacted]テレビでの打ち合わせは数時間で終わった。P子は実家に電話した。「これから帰る」と。

だが愛犬はついさっき、息を引き取ったところだった。

「え⁉　なんで⁉」

胸が締め付けられた。死に目に会えなかった。

後日、[redacted]テレビの新ドラマ企画は企画自体がボツとなった。チャンスでもなんでもなかったわけだ。だったら、打ち合わせなんて無視してすぐに帰ってやればよかった。

悔やんでも悔やみきれない。

ごめんね。そう何度もつぶやいて泣いた。

Diary 4　大逆転（二〇〇二年〜）

その五十三「引っ越し大作戦」

デビューして四年が経つ。まだプロット書きをやっている。

シナリオも何本かは書いたが、代表作と呼べるものはない。こんなP子を「プロ」と認めてくれる人はいるのか否か。実に宙ぶらりんな自分に嫌気がさす。

P子は現状打破をしたかった。コタツで食事と仕事を一緒にする生活から抜け出したかった。いつまでも「シナリオを勉強している人」という立場に甘えていてはいけない。ちゃんと仕事机を持ち、プロ意識をもったほうがいい——。

P子、引越しを決意。ワンルームから二DKに。仕事机を買って仕事部屋を作った。家賃は四万円もアップした。大丈夫かP子⁉　仕事ないのに……。

すると今度はP子、風水に凝りだした。仕事運と金運が上昇する盛塩だとか、良縁を呼ぶフラワーアレンジだとか、Dr.コパ*を崇拝した。

そのご利益あってか、まもなくTV局からプロットの仕事依頼を受けた。原稿を書いていると、窓の外に虹がかかった。しかも二重だ。その後、ギャラがいつもの二倍になった。

さらに、旧知の先輩ライターから電話をもらい、アニメの脚本を書かないかと言われた。アニメはスパンが長いので、安定した収入が得られる。

「やった！」

P子の引越（風水？）大作戦は大当たり。収入が確保できるので、これからは「金のためだけの仕事」をしなくてよい。作家として、自分が納得できる仕事を納得できる形でやっていこう！

そう心に決めるP子であった。

＊【Dr.コパ】風水の専門家で、メディアにもよく登場していた。

その五十四「新しい仕事」

先輩ライターの紹介で、アニメの脚本を書くことになった。

初めての打ち合わせの日は、ドシャブリの雨だった。嫌な予感……。

自己紹介もそこそこに、プロデューサーは、現在この現場がいかに混乱を極めているかを語りだした。

スケジュールが切迫していること、ギャラが安いこと、そして原作者とうまくいっておらず、いつ打ち切りになってもおかしくない状態であること――。新参者のP子を不安にさせるようなことばかり言うのである。

「とりあえず」と渡された一本の漫画原作。それをプロット化して提出した。

すると、原作者からチェックの入った原稿が返却される。細かい字でみっちり埋め尽くされた添削原稿。たいていのライターは、この時点で心折れて降板するらしい。でもP子は折れるほどの自信など初めからなかった。原作者のチェックには「なるほど」と頷く点が多かったし、参考意見として素直に受け止めることにした。

そして第一稿。プロデューサーの反応はイマイチ。P子、アニメの台本なんて初めてだし、駄目なところがたくさんあっても仕方ないや！と、謙虚に受け止める。

そして第二稿。原作者のOKが出て、いきなり決定稿に。原作者いわく、「P子さんにはギャグのセンスがある」とか。

P子、めでたくレギュラー決定。ギャラもアップ。

プロデューサーいわく、「本当は新しいライターを雇いたくなかった。どうせうまくいかないと思っていたから」だと。

なにはともあれ、P子の勝利である。

その五十五「職人の世界」

めでたくアニメの仕事を手に入れたP子は、毎日がバラ色だった。

今まで経験してきたドラマの現場は悪夢としか言いようがない。

大きな違いは、スタッフがシナリオを大事にしてくれること。作家（P子のことだ）の書きたいことを尊重し、その上で、もっと面白くするにはどうすればいいかを考えてくれる。

これまでのドラマの現場では、作家の書きたいことよりプロデューサーの作りたいモノ、または視聴率のとれるモノを作らされてきた。そう、「書かされていた」感じが強い。でもこの仕事は違う。「書かせてもらえる」のだ。

良いシナリオを創るには、作家が気持ちよく書かせてもらえる環境が必要だということを、この人たちはわかっている。そしてスタッフは全員、この道のエキスパートだ。未熟な本でも一流の放映作品に昇華してくれる職人芸。声優さんたちもプロフェッショナルだ。演技のできないグラビアアイドルを使うようなこともない。

一流のスタッフと仕事をすると、こんなにも仕事って楽しいのか！　と驚くP子である。本来、ドラマの現場もそうであるはずだ。

でもP子が今まで遭遇してきた現場は気の毒なくらいハズレだった。皆が、「良い作品を創る」ことに一生懸命なのではない、「視聴率を取る」ことに一生懸命な現場だった。もちろん視聴率は大事だ。けど、それを最優先にすると、クリエイターは磨耗する。

世界に誇る日本アニメ界に乾杯！

その五十六「嫉妬」

P子の本は評判が良かった。初稿がそのまま決定稿になるという、ホールインワンをとることもあった。

仕事はそれ一本だったが、その分ペースが速く、月に五本も決定稿をあげることもあった。

数カ月して、交渉したわけでもないのにギャラがアップした。「これからもよろしく」とプロデューサーに言われた。

嗚呼P子よ、ついにプロの仲間入りか？　月々の収入はドンと増え、やっと貧乏生活から抜け出し、立派な社会人になれたような気がした。しかし――。

アニメの場合、スパンが長いので複数のライターが持ちまわりで書くのが普通だ。しかしP子が入ったその現場には、P子ともう一人しかいなかった。そのもう一人のライターが、突然降板したいと言い出した。

その人はアニメ界の重鎮。プロデューサーが必死に止めると、その人は自分をシリーズ構成（シナリオをまとめるチーフみたいな役割）にしろと言った。叶わない場合は降板すると。ピンチヒッターが見つからないので、プロデューサーは承諾した。シリーズ構成となったその人は、これからはP子の本も自分がチェックして、場合によっては共同脚本にすると言い出した。

納得がいかないP子。するとその人は言った。

「シリーズ構成の言うことを聞かないライターはクビにできるんだよ」

そう言って自分の弟子たちを呼び寄せてきた。ホンウチはその人のペースで進み、P子の原稿にはなかなかOKが出なくなってしまった。

なぜだ。うまくいっていたはずなのに。この展開の不条理さといったら……。

その五十七「プロへの一歩」

先輩ライターの嫉妬を買ってしまい、せっかくもらった仕事を降板せざるをえなくなったP子。シナリオを一生懸命書くだけでは、この世界で生きて行けないのだろうか。

落ち込んでいたP子に、降板したアニメ番組のプロデューサーが連絡をくれた。

「他の仕事を紹介しましょう」

監督も一緒になって、紹介先のプロデューサーに「P子さんをよろしく」と頭を下げてくれた。

彼らの温情を有難いと思った。と同時に、自分はシナリオが書けなくて降板したんじゃないと確信した。次の仕事を紹介してくれるのは、P子の力を認めてくれているからだ。シナリオ以外の理由なら、それはそれで納得のいかない気もするが、でもまァ素直にホッとした。自分はシナリオを書いてナンボの人なのだ。もう自分を卑下するのはやめよう。どんな目に遭っても、自分の書くものには自信をもとう。

P子は、筆一本で新たな仕事に向かった。P子の原稿は認められ、めでたくレギュラーに採用決定。「もっとたくさん書いてください」と激励された。

いい原稿さえ書き続ければ、仕事はつながってゆくに違いない。

Ｐ子は今まで自分が書いてきた放映作品をもう一度見直した。面白いと思った。すると頭の中のモヤモヤがスーッと晴れてゆく感じがした。今までのＰ子は、常に誰かに認められたい一心で書いてきた。でもＰ子が一番認めてもらいたいのは他の誰でもない、自分だと気づいた。

自分に自信をもつことが、プロへの第一歩なのだ。

最終回「プロになるまで」

二時間サスペンスの依頼がきた。

プロットはすでに出来上がっていて、それをシナリオにして欲しいということだった。

驚いた。いつもとケースが逆だ。いつもはＰ子が書いたプロットを他の脚本家に渡していたのに……。

シナリオまで書かせてもらえない辛さを知り尽くしていたＰ子は、プロットを書いた人に悪いと思った。そしてプロデューサーに、

「脚本はプロットを書いた人が書くべきでは？」

と、打診した。すると、プロットを書いた人はなぜか田舎に帰ってしまったという。

（おかしい……）Ｐ子は直感的に思った。

プロットを見せてもらった。物語が破綻していた。トリックも穴だらけだった。

なんだこれはッ。

しかも初稿は正月返上で一週間であげろと言われた。キツイ……。

しかしクランクインは迫っている。現場が困っている。昔、先輩が言った。不可能を可能にするのがプロだと。

シナリオを書き進むにつれて、プロットの矛盾がますます気になった。制作会社のプロデューサーに相談すると、ＴＶ局のプロデューサーが考えた展開なので変えられないと言った。トリックの穴についても、ＴＶ局のプロデューサーの発案なのでそのままやってくれと言われた。

なんだそれはッ。

Ｐ子は作家としてのプライドにかけ、自分なりに代案を考え、初稿を書き上げた。

それを見たＴＶ局のプロデューサーが、自分の言ったとおりになっていないと怒った。

ははーん。Ｐ子は気づいた。プロットを書いた人は逃げたに違いない。でもＰ子は逃げない。

自分が逃げたら現場のスタッフが困る。

ＴＶ局のプロデューサーは他の脚本家を探すと言うが、あてはないようだ。こんな無茶な条件で引き受ける人などいるものか。探す時間があったら少しでも自分が改稿したほうがいいと思った。

第二稿をあげた時点で、他のライターが見つかったと連絡を受けた。良かったですねと、Ｐ子は身を引いた。改稿は無駄な努力だったが、少しでもＰ子の書いたものが次のライターの参考になればと思った。

己の利益より、現場の利益。そんな自分にＰ子自身も驚いた。

そして、自分はプロになれたのかな、と思った（ただのバカかもしれないけど）。

長い間、Ｐ子を応援してくれた皆さん、有難う。

第二章　その後のP子

プロローグ

どんな出来事も、人生を彩る一色の絵の具であり、意味がある。

苦しいことも辛いことも、いつか作品のネタにできる、そう思えば少しは生きづらさも楽になる。それがこの仕事の良いところだと、ずっと思ってきた。

でも、本当にそうだろうか？

ここからは、プロになったP子のその後を、二十数年後の私から見た回想録として語りましょう。

episode 1　弾丸ロケ・三日で映画を書く

アニメの仕事が決まり、精力的に書いていたP子の元に、知人の映画監督から、映画を書かないかとのオファーが来た。

当時CMで売り出し中の新人女優を主役に据えて、屋久島ロケをするという。

物語の内容はまったく決まっていない。決まっているのは、その女優が主役、屋久島が舞台、の二つだけ。なぜ屋久島が舞台なのかは覚えていない。

とりあえず屋久島へ飛ぶ。屋久島は「呼ばれないと行けない」という都市伝説がある。P子は呼ばれたようだから行くしかない。

しかしそのスケジュールが普通ではなかった。監督と二人で一泊二日で屋久島をシナハン（シナリオハンティング＝シナリオを書くための視察）して、帰りの飛行機の中で監督と物語の筋を決め、帰宅後三日で二時間の映画シナリオを仕上げるというもの。

無茶である。

が、とにかく予算がないからヨロシクと。

交通費は出るが、指定された飛行機は割安な始発便で、羽田で前泊するしかない。その前泊代は自腹だった。

自分で手配した狭いシングルルームは、強烈な煙草臭で息もできない。前日に泊まった人がよほどのヘビースモーカーだったに違いない。煙草を吸わない私にとって、タバコ臭い枕で寝ることは拷問だった。何も悪いことしてないのに、なぜこんな「煙草臭の刑」に処されなければいけないのか。その夜は一睡もできなかった。

翌朝、空港で監督と落ちあい、始発便に乗って、鹿児島経由で屋久島へと向かった。

屋久島での宿は制作会社が予約しておいてくれた民宿。民宿とはいえ完全個室で、トイレも各部屋に完備しているという。しかも、宮崎駿氏が『もののけ姫』のロケハンで泊まった宿だと聞いて、おおいにウキウキした。やっぱりプロになると、ワンランク上の宿に泊まらせてもらえるのだな～と部屋の扉を開けた。

エッ⁉　なにこれ。

壁紙の剝がれた薄暗い部屋。ベッドが一つあるだけで、ピチョン……ピチョン……と、水漏れの音が反響していた。水漏れの音はトイレのほうからする。ドアを開けると、見たこともないほど大きな消臭剤が置いてある。だが効果はないらしく、部屋中にアンモニア臭が充満していた。

ベッドに腰掛けると、梅雨でもないのにしっとりしていた。天井には不気味なシミが……。追い打ちをかけるように、毛布の上に手のひらサイズのでかい蜘蛛が這っていた。

「これは無理だ」

慌てて監督の部屋へ駆け込み訴えた。すると、

「部屋を交換しましょうか？」

と言ってくれたが、彼の部屋も同じようなものだった。

その夜も、一睡もできなかった。

翌日、監督と二人でシナハンをする予定だったが、急に監督の親しらずが痛みだし、我慢できないという。仕方なく、監督には歯医者に行ってもらい、シナハンはP子一人で行なうこととなった。

当時はスマホもなく、ガイドブックだけが頼りで、バスを乗り継いで必死に島内を巡った。

途中、すさまじい豪雨に遭った。バスで山を登った時は晴れていたのに、山頂の屋久杉ランドを巡っていると急にザーッと滝のような豪雨が襲ってきた。すぐに道路が通行止めとなり、雨が止むまで下山できなくなってしまった。

ずぶ濡れになったP子は、山頂の案内所で雨宿りをさせてもらった。客はP子一人。寒さに震えるP子に、併設のカフェのお姉さんが温かいコーヒーをサービスしてくれた。この一杯のコーヒーは沁みた。何かお礼をしたいと思い、カメラに付けていたお気に入りの天使のストラップを差し上げたらとても喜んでくれた。天使のようなお姉さんであった。

ようやく雨が上がり下山できたが、その日の夕方にはもう帰りの飛行機に乗っていた。

疲労と寝不足で、飛行機の中で爆睡したかったが、羽田に到着するまでの間に監督と一緒に物語のあらすじを考えなければならない。

鬼スケジュール！

白紙の状態から考えるから、まずお互いの頭の中にある、ただ何となくぼんやりとしたものを適当に語りあうことから始める。どんな主人公が、どんな理由で、屋久島で何の目的で何をするのか、などなど、考えることは山盛りにあったが、羽田到着まで一時間半しかなかった。

自宅に帰るなり、早速シナリオに取りかかった。過去に、二日で一時間ドラマを一本書くとか、無茶振り仕事を引き受けたことはあったが、テーマもキャラクターもすべて白紙の状態から始めて三日で二時間の映画（四百字詰め百二十枚）を書く、というのは初めての経験だった。

初めての経験といっても、わくわくしているわけではない。あるのは恐怖のみ。これは映画デビューできるチャンスなんだから絶対に失敗すんなヨ！と、自分に言い聞かせていた。

ところがP子がシナリオに取り掛かったころ、別の仕事の緊急オファーがきた。P子ともう一人のライターと二人で書いているアニメの仕事である。そのもう一人のライターが体調不良なので、彼女の担当話をP子に書いて欲しいというのだ。どうしてこういうタイミングでそんなオファーが来るのか？

事情を話し、アニメのほうの締め切り日を来週にしてもらえないかとお願いしたが、どうしても今週中に決定稿をということであった。

さあどうする？

初めてご一緒する方々との仕事で、私一人の都合でスケジュールを遅らせてくださいなんて生意気なことを言う勇気はない。でもアニメのほうだってスケジュールが切迫しているのだ。スケジュールが切迫しているのはP子の責任ではないが、チームの一人として関わっている以上、困っている現場を助けるべきではないのか？

P子は葛藤した。寝不足の頭で葛藤した。お陰で仮眠する時間も葛藤で費やしてしまった。

今の私なら、うまいこと言ってどちらの仕事もうまくこなしたであろう。そしてアニメ現場の窮地を救ったライターとして、ヒーロー扱いしてもらえたに違いない。

　でも当時のP子にそんな余裕はなし、柔軟性もなし、先を見据える知恵もなかった。

　P子にとってこの映画の仕事は特別だった。これまで「あなたの代わりはいくらでもいる」と言われる現場で書いてきたP子にとって、この映画の仕事は、まぎれもなく「P子の代わりはいない」イコール「P子の作品」となるのだから、手放したくなかった。たとえ前泊代が自腹でも、たとえ手のひらサイズのクモと添い寝しても、たとえ六日間ろくに寝ていなくても、この作品はP子の代表作になるかもしれないのだ。

　P子は、他に代わる脚本家がいない映画の仕事を優先し、アニメの代役仕事を断った。しかし！　タイムマシンがあれば、私はP子に言いに行きたい。この選択は間違っていたと！


　映画のほうは三日でシナリオを仕上げた。でもギャラは三万円だった。もう一度言おう。二時間映画（四百字詰め百二十枚）を書いて三万円。ゼロが二つか三つ足りない。愕然とした。

　出来上がった試写を見て、さらに愕然とした。「主人公が乗ったバスに一人の老婆が座っている」というシーンがあり、その老婆は映画のキーパーソン（とても重要な存在）なのだが、その老婆役の人にどうも違和感があった。セリフはないものの、その風情がどう見ても……、

おっさん⁉

よく見るとそれは、制作会社の社長がかつらをかぶって老婆のふりをしていたのだった。

青島幸夫かッ。

（解説：昔、長谷川町子原作『いじわるばあさん』というコメディードラマで、青島幸夫がかつらをかぶってお婆さん役をしていた）

役者の旅費の節約だった。しかしいくら予算がないとはいえ、これはコントではない。大真面目の感動ヒューマンドラマのはずである。開いた口が塞がらなかった。

監督もよく承知したなと思うが、彼も苦悩したに違いない。撮影期間はたったの一週間。そして撮影中に泊まった宿は、ロケハンの時以上の安宿だったと聞く。家から持参した梅干に名前を書いて冷蔵庫に入れておいたら、勝手に宿主の家族一同に全部食べられてしまったという。

そして後になって、宮崎駿氏が泊まったのは別の宿だということが判明した。もう愕然というより腰が抜けた。

この経験はいつかネタにしてやろうと思う（いや、もうネタにしている）。ギャラ三万円でも、笑えるネタをもらえたと思えば辛くない。

三日で書いた脚本は、ＳＮＳで「くそ脚本」と酷評された。当たり前だ、三日で傑作を書けるほどＰ子は天才ではない。

屋久島の大自然は素晴らしかった。どのくらい素晴らしいかというと、川で撮った写真には、もののけ（妖精）が写っていた。業界にはびこるもののけではない。純粋な本当のもののけである。にこやかに笑う私の傍らに、丸くて白い火の玉のようなものが尾を引いて川から飛び出してきたごとく写っていた。なんとなくかわいらしい感じがしたので、妖精だと信じている。

この貴重な体験（仕事のことと、もののけと一緒に写真に写ったこと）は、私の人生にどんな意味があったのだろうか……。

episode 2 大[redacted]ドラマのお手伝い

以前、[redacted]局のブレーンをやったご縁で、「大[redacted]ドラマを手伝わない？」と言われた。た、た、た、大[redacted]ドラマ！？　あの大御所が書くやつ⁉

そう、当時大[redacted]ドラマ（大型時代劇）は、脚本界の重鎮と言われる人が書くたいへん位の高いドラマ（P子のイメージ）なのであった。

プロデューサーの話によると、その大御所脚本家の作劇法は、全四十九話のプロットを考えず、いきなり頭から書いていくらしい。

つまり、出来上がっている数話の脚本の続きを誰も知らないし、最終回がどうなるかも未定なのだ。もし大御所脚本家が途中で書けなくなったり緊急入院したりしたら、そこでストップするという大変デンジャラスな状況にあった。

そこで不安に打ち震える[redacted]局職員一同は、先手を打つことにしたのである。つまり、P子らお手伝い要員が、先回りしてプロットを考えておく作戦だ。ただしそのプロットは、あくまでも緊急事態に備えた予備なので、大御所が気に入れば使うし、そうでなければボツるということらしい。

また日の目を見ないゴースト仕事か……。

でも興味はあった。なんてったって大[redacted]ドラマだし。将来、P子が大御所になって大[redacted]ドラマを書くようになった時、「あんなこともあったわね〜」と感慨深く思い出す、ほろ苦い思い出になるやもしれぬ（もう言い方が大[redacted]ドラマっぽい）。絶対社外秘の、放送前のシナリオを読ませてもらえるのもウキウキした。

P子の他に、もう一人ゴーストが呼ばれ、第二十四話からあとのプロットを手分けして書くことになった。P子の担当は、第二十五話から第三十四話の十本である。

だがP子には不安があった。

実は数カ月前まで、体調不良で入院していたのだ。退院後も体力はなかなか戻らない。

そこで漢方薬をためすことにした。土瓶を購入し、高額な生薬を毎朝ぐつぐつ煮だした。三十分もすると、家中が苦いような酸っぱいような、何とも言えない漢方薬の臭いで充満した。効きそうだ。それを保温水筒に入れ、三回に分けて欠かさず飲むのである。

P子は打ち合わせ室に、漢方薬入りの水筒を持ち込む。漢方薬は欠かさず長く飲み続けることで効くがゆえ、半日を費やす打ち合わせにも必携なのでござる。しかも、飲み方はいっぺんに飲み干してはならぬ。ちびちびと、少しずつゆっくりと飲まねばならぬ。おかげで打ち合わせ室は漢方薬の臭いで充満し、ゴースト仲間やプロデューサーの口数も少なげであった候。

「原作で言うところの合戦までが第二十四話で、その後からこうなってああなって、次の合戦で誰々が死ぬところまでが第三十四話となります」

とか言われて、合戦後から誰々が死ぬまでの少なすぎる原作エピソードを、十本のプロットにするのが私の仕事であった。

家に帰って原作を三度読み返し、テーマと世界観、そして登場人物のキャラクターや感情線を頭に叩き込んだ。

原作の作者も大御所小説家だもの。原作の世界観から逸脱せぬよう気を付けながら、物語をドラマチックに膨らませる方法を考えた。原作のエピソードをさらに展開させたり、新しいオリジナルエピソードを付け加えたり。ウンウン頭を悩ませながら、プロット執筆にとりかかった。

しかし数日後、送られてきた大御所脚本家の書いた前編のシナリオを読んで驚いた。内容が、原作と大きくかけ離れていたのである。

主人公のキャラクターもモチベーションも、大御所脚本家好みに書きかえられている。しかも考案途中であるためか、人物の行動に矛盾があったり魅力が感じられなかったりした。

大御所脚本家の意向と大御所小説家の原作と、どちらに沿って後編を考えればいいのか？　プロデューサーに相談すると、「原作に沿って」ということだったので、その指示に従い、なんとか十本のプロットを書き上げた。

結果、ゴースト二人が考えたプロットが採用されることはなかった。

さすが大御所脚本家。原作に頼ることなく、もちろんゴーストにも頼ることなく、オリジナルな物語全四十九話を創りあげたのである。

ただし。放送回を見ていたP子は「ん？」となった。一話だけ、見覚えのあるモチーフの回があった。それは、P子がオリジナルで考えた、家臣の恋バナである。

物語の展開はP子の書いたものとは違っていたが、脇役の熟年の重臣が、身分の低い女性に恋をするというモチーフは原作にはなく、たぶんP子が考えたものだと思う。戦国時代を描いた大[redacted]ドラマでは異色の、ちょっとした胸キュンラブストーリーに仕上がっていた。

一生懸命書いた十本のプロットはゴミと化したが、一粒だけ燃え残った宝石があったようだ。それを大御所脚本家が面白がってくれたことは胸を張って良いと思う。

そして、少しでも大[redacted]ドラマのお役に立てたのなら、漢方薬を飲みながら費やしたあの時間は、決して無駄ではなかったということだ。

episode 3　アニメの仕事に右往左往

アニメ『ちびまる子ちゃん』や『あたしンち』のシナリオを書かせてもらえるようになり、ようやく「職業シナリオライター」と名乗れるようになってきた。

しかし、体調を崩してから、しばらくは新しい仕事をゲットする気力も体力もなく、収入が心もとなくなってきた。

不安な日々を送る中、マンションの更新月となり、もっと家賃が安くて更新料のいらない物件へ引っ越すことにした。

新居はファミリータイプの低層階マンションの一階。隣は口うるさい母親と泣き虫の男の子がいる大家族。上階は子どもに部屋の中で縄跳びをさせる親子と、強風の日に風鈴を物干し竿につけたまま外出するヤンキーが住んでいる。バラエティーに富んだ騒音に悩み、入居二年で再度引っ越すことを決めた。

次の新居は中古一戸建ての賃貸。築四十五年の耐震補強なしの木造二階建てである。夏はゴキブリと蟻の大群が来訪し、風呂場では毎日欠かさずナメクジが入浴している。ミツバチの大群が換気扇に巣を作りたいと内見に来たこともある。冬は家の中で吐く息が白い。道路からは死角となる窓がたくさんあって防犯意識も高まる。

プロになってから住む家がどんどんランクダウンしていくのはなぜか。ふつう逆だろッ。

「フリーランスは体が資本」という言葉が身に沁みる。

旅行会社に勤めていた頃が懐かしい。仕事をさぼろうが病欠しようが、毎月お給料が振り込まれる有難さ。いやいやこれも覚悟のうえで会社を辞めたのではなかったか。

「先の見える不満と先の見えない不安」どちらを選ぶかで迷い、たとえ不安な未来でも好きなことをして生きたいと思ったはずではなかったか。

悶々と新居の防犯対策などをしていると、一本の電話がかかってきた。以前仕事でお世話になった監督さんからだ。

なんと！　新しい仕事のオファーである！　三年ぶり！　それは漫画原作のアニメ化だった。

「やります！」

と即答したものの、原作を読んで青ざめた。

下町に住む幼い双子のきょうだいの物語。親が不在の理由は謎で、きょうだいには不思議な力がある。独特の世界観。ナンセンス要素満載。実に面白い漫画である。

が、正直戸惑った。この世界観でオリジナル脚本を書かなくてはいけないことに。

オリジナル脚本というのは、原作にはないオリジナルストーリーの脚本ということだ（ただし、キャラクターや世界観は原作をもとにしているので、原作はあくまでも漫画原作者となる）。

これまで書いてきた、まる子の世界もあたしンちの世界も、比較的リアルだ。キャラクターに多少の誇張はあっても、不思議な力を持っていたりはしない。ナンセンスな設定もない。誰もが共感できる日常生活を描くアニメである。だから、ドラマ畑でデビューしたP子にも書けているのだと思う。しかしこれは違う。ナンセンスなキャラクター設定やストーリー展開を、どう料理すればいいかわからないままの発進となった。


そのアニメ『ご姉弟物語』の脚本家として五人のライターが招集された。『ドラえもん』や『クレヨンしんちゃん』や『アンパンマン』などを手掛けるベテランが三人。そしてテレビ局プロデューサーが連れて来た新人（これがデビュー作）が一人、そしてP子である。この中でテレビ局プロデューサーに名前を覚えられていないのは、私と新人さんだけだった。

打ち合わせで、皆でアイデアを出し合っているとき、P子は勇気を振り絞って「こういうのどうですか」と発言。テレビ局プロデューサーに「それいいね！」と言われたものの、翌週には

「誰のアイデアだったか忘れたけどボツになった」と言われた。

P子が心を許せるのは新人さんだけ。ちょっと先輩風を吹かせて、「[redacted]さんってギャグセンスあるよね～」などと上から目線で語り掛けたりした。

だがその新人さんは天才だった。誰よりも面白いシナリオを書いてきた。お酒にも強かった。打ち合わせ後の飲みニケーションにも、彼女はしっかりと最後まで付いて行った。

実力も気迫も体力も、P子は新人さんに惨敗であった。

脚本はプロットが採用されない限り書かせてもらえない。P子の書くプロットはなかなか採用されなかった。


そんなP子を救ったのは、今P子が住んでいる木造二階建てのボロ家だった。

主人公である双子のきょうだいが住んでいるのも木造二階建て、そこに二人きりで住んでいる。防犯をモチーフに、一本のプロットを書いてみた。

幼いきょうだいたちが、防犯のために家に取り付けたホームセキュリティのランプが光るところを見たいと思い、わざと泥棒を家に誘い込むが、ランプが光るのを楽しんだ後は泥棒をコテンパンにやっつける、という話である。

きょうだいたちの狡猾さとかわいさ、クスッと笑えるナンセンスな展開が面白いと、ようやくOKをもらえた。

首の皮が一枚つながり、ボロ家に引っ越して本当によかったと思った。

ようやく作品の世界観を摑んだ頃、また同じ監督から別のアニメの仕事をご紹介いただいた。こんどは登場人物が全員キャンディー。つまり飴ちゃん。飴を擬人化しているのである。イチゴ味とかミルク味とか、味でキャラクターが変わる。もうこうなるとわけがわからない。リアルとかそんなこと言ってられない。

完全オリジナルなので、キャラ（何味でどういう性格か）を自由に設定し、自由にストーリーを作れるという点では、とても楽しい仕事だった。

立て続けにアニメの仕事に恵まれ、ここがこれからの私の居場所になるのねと、明るい未来を思って感無量の涙を流した。もう将来の不安に震える日々とはオサラバね！

だがそのとき、あの東日本大震災が襲った。

打合せ当日にあの揺れに遭遇した。だが報道が追いつかず被害状況もわからなかったので、揺れが収まり次第、打ち合わせは続行された。

だが余震が起こるたびに打ち合わせは中断し、全員屋外へ避難した。P子もグラッときたら咄嗟に外へ飛び出した。靴も履かず靴下のまま外へ出た。手には財布の入った鞄をしっかり持っているが、原稿はほったらかしだった。

作家にとって命より大事な原稿をP子は見捨てたのである。そんな自分を、ちょっぴり恥じたP子なのであった。

episode 4　シナリオから逃げた日

　しばらくの間、仕事は『ちびまる子ちゃん』だけという日が続いた。他のアニメの仕事もしたが数カ月で放送が終わってしまった。ドラマの現場も離れてから四年になる。かつてお世話になったプロデューサーから声がかかる気配もない。

　人というのは、やることが一つしかないと、脳が働かずアイデアが浮かばなくなるらしい。自分の小学校時代を思い出して書いていた『ちびまる子ちゃん』のネタも尽き、それ以上のネタが何も浮かばなくなっていた。

　このままではいかん……というより、何か他のことをしたいと思った。震災の時に、原稿をほっぽり出して逃げた自分は、本当はシナリオを愛してなんかいないのではないか、という疑問もわいていた。

　新聞に挟まっているカルチャースクールの広告を、目を皿のようにして隅々まで見た。興味のあるものは片っ端から行ってみた。「水墨画教室」「組みひも教室」「メイクアップ教室」

「創作太鼓乱れ打ち」「仏画の模写」「能鑑賞」「お香体験」「紅茶教室」などなど。

そんなある日、「鼓を打ってみよう!」という体験会に参加したのがきっかけで、邦楽の演奏会を観る機会があった。

鼓の演奏を観るのが目的だったが、端のほうで篠笛を奏でる女性に目が釘付けになった。一本の竹の笛を静かに奏でるしなやかな女性……P子はこうなりたいと思ったのである。

八王子のカルチャースクールに「篠笛教室」があるというので、見学に行った。

先生が、「これが篠笛だよ」と渡してくれた竹の筒を口に当てて吹いてみると、ヒョ〜と音が出た。先生がビックリ仰天して「ほんとに初めて?」と目を丸くした。普通は音を出すまでに何日もかかるらしい。さらにP子、その日のうちに「さくらさくら」を一曲演奏してしまった。

天才! と呼ばれた。

シナリオを書いて「天才」などと言われたことは一度もない。子どもの頃から「天才」と呼ばれることに憧れていた。それが今呼ばれている! 天才と!

すっかり調子にのったP子は「シナリオライターをやめて篠笛奏者になる!」と決め、いそいそと篠笛教室に通った。

しかし練習はあまりしなかった。だって天才だもん。

気が付くと、発表会で楽譜を見ながら演奏している生徒はP子だけだった。他の生徒はみんな曲を暗記していた。

篠笛の楽譜は音符ではなく独特の表記で、漢数字や（●）や（▲）などの謎の記号、「天」とか「串」とか「ヒャ～オヒャ～」「ドドン」とかの謎の言葉が羅列された、もはや暗号みたいな楽譜である。P子はこの難しい楽譜をどうしても覚えられず、音は出せるが「さくらさくら」以上の曲を奏でることはできなかった。

「どうしたら楽譜を覚えられるの？」

ある日、同期の生徒さんに聞いてみた。彼女は言った。

「毎日通勤電車の中で、ブツブツ音階を唱えながら吊革を持つ指を動かしている」

そこでハタと気付いたのである。どの道も、究めようとすれば血のにじむような努力が必要なのだと。たとえ天才のP子でも、努力なくして上達はなし、なのである。

そうか……ならば今日から日夜笛の練習を……。しかしそこでまたハタと気付く。笛の練習する時間があったら、シナリオの勉強をしたいな。まる子のネタを考えたいな。一本でも多く、まる子の原稿をあげたいな。なんならこの笛の体験をネタに一本書きたいな。そう思う自分がいた。

P子は逃げていただけなのである。

かつて、シナリオコンクールで初受賞した時の喜びを忘れ、テレビに初めて自分の名前が出たときの喜びを忘れ、初めて仕事をもらった時の喜びを忘れ、こうして国民的アニメをレギュラーで書かせてもらっている感謝を忘れ、不平不満ばかりに目を向けて現実逃避していただけなのである。

八王子の教室がなくなり、駅から三十分も歩かねばならない先生のご自宅でのレッスンに切り替わったのを機に、P子は篠笛を辞め、シナリオの世界に戻った。

以前より、シナリオを書くのが新鮮で、楽しくなっていた。

episode 5　町おこしの人形劇

仕事は『ちびまる子ちゃん』一本だけという日が三年続いた。

そもそもアニメのギャラは、尺が十分とか十五分なので単価は安いし、月に数本しか書かないので大した稼ぎにはならない。

年齢も大台に乗り、このままではいけないという焦りが出てきた。

何か新しいことを始めたいが、P子は今年から大殺界。「大殺界の間に始めたことは長続きしない」と占いの本に書いてある。それを鵜呑みにしたP子は、どうせ奮起して何かを始めても、またボツるんじゃあね、とすっかりネガティブになっていた。

そんなある日、大学時代の先輩から電話がかかって来た。

その先輩のお友達（も大学の先輩）が、フリーのプロデューサーをされていて、地方に移住されて、その地方の町おこしのために町民参加の人形劇を企画されているという。その台本を書かないかという話である。

大殺界P子は、そういう仕事なら長続きしなくても、一本書けば終わりなんだから、支障はないと踏んだ。大殺界にもってこいの仕事だ！

ちなみにＰ子は、その地方とは何の縁もゆかりもなかった。行ったこともなかった。

新宿のタワーホテルのカフェでプロデューサーとお会いした。

同じ関西人で、同じ大学出身ということもあり、すぐに打ち解けられた。関西ノリで、人形劇のアイデアはポンポン出た。

あ、言い忘れたが、その人形劇の登場人物たちは、その町の特産品の果物ということになっている。以前、キャンディーが主人公のアニメを描いたことがあったから、もう驚きはしない。

主人公の桃は、元気で明るい女の子。でもみんなから「お尻」と揶揄され落ち込むこともある。幼馴染の梨は、プライドが高くて嫌味な男子だが、ピンチの時は助けてくれる。他に、姉御肌の柿や実直なブドウなどが活躍する冒険活劇にしてはどうかと話は弾んだ。

関西ノリツッコミで笑い声の絶えない打ち合わせの後、ギャラについて聞いてみた。

「予算のない町おこしの企画なんで……」

と、プロデューサーは頭を掻いた。それほどは出せないという話だった。

しかしＰ子はもうノリノリな気持ちだったので、関西ノリツッコミで引き受けてしまった。

自由に書いていいというので、得意のコメディ&ヒューマン要素満載の、上演時間二時間のエンターテインメント大作に仕上げた。

脚本の評判は上々だったが、やはりギャラは支払われなかった。代わりに特産品を送ると言われた。

冷静になって考えてみた。P子はもうプロになったはずだ。本来ノーギャラ仕事なんて引き受けてはいけないのだ。

あとで後悔し、もう一度ギャラを交渉してみようと思った矢先、台風でその地方が甚大な被害を被ってしまった。特産品の果物にも被害が出て、人形劇の劇団員さんたちの多くは農家を営む町民だという。ギャラをくださいなんて言えなくなってしまった。


しかしそんな中、人形劇の上演は続行され、多くの町民を元気づけたという(プロデューサー曰く)。劇団員たちも、腹の底から笑える人形劇を演じることができて本当に良かったと、涙を流して喜んだという(プロデューサー曰く)。

「P子さん、本当にありがとう。町民はみんなP子さんに感謝していますよ!」

P子は、縁もゆかりもない町のために尽くした心清き偉人のように言われた。

翌年、プロデューサーから立派な桃と梨と地酒が届いた。他にもプロデューサーお手製の味噌と杵つき餅。毎年欠かさず送ってくださるので、精一杯の誠意をお示しいただいているものと真摯に受け止める。

考えたら楽しい仕事だった。特産品と手作り味噌も美味しかった。ギャラより嬉しいとさえ思った。お金のために仕事するんじゃなくて、こういうのもいいものだなと思った。

三カ月後。プロデューサーから今度は町の盆踊りの音楽を制作したいから歌詞を考えてくれと言われた。

ん？　ちょっと待てよ。

P子はプロなのでノーギャラ仕事はしないのだ。しかも一度しか会っていないプロデューサーから頼まれた、行ったこともない町の盆踊り？　たとえ特産品と手作り味噌が美味しくても、こういうのって、どうよ？

どう断ろうかと考えているうちに、「ひとつよろしくたのんまっさ！」と、頼まれてしまった。

敏腕プロデューサーである。

P子の心の隙に、「ちょっと面白そう」という感覚があるのを鋭く察知している。

「町民一同、P子さんに会いたがっているんですよ！　是非一度遊びにいらしてください！」

Ｐ子はすっかりその町のヒーローになっていた。うっかり遊びに行こうものなら、

「ありがとうＰ子さん！　お陰様で町はすっかり元気になりました！」

などと横断幕を張られて出迎えられるかもしれない。本当は腹黒で心の狭いＰ子にとって、それは残酷である。

その後もプロデューサーから人形劇の続編を書いて欲しいという依頼があった。Ｐ子は引き受けた。なぜ断れないのか自分でもわからない。

まことに、敏腕プロデューサーである。

そして大殺界で引き受けたこの仕事はノーギャラのまま二年続き、三年目に大転換する。

敏腕プロデューサーから、町おこしとは関係のない新たな依頼が来た。

それは企業ＣＭの仕事だった。特定のキャラクターを使った三十秒のコント仕立てのＣＭで、その台本をということだった。ギャラは支払われる。しかも高額だ！

敏腕プロデューサーはＰ子を二年間ノーギャラで働かせたことを、内心は心苦しく思っていたのだろう。だからこんなビッグな仕事をＰ子に依頼してくれたのね。本当は誠実で優しいお方なのだ。それは手作り味噌の味にも表れていた。

大殺界最後の年に、とんだ大転換があったものだ。二年分のギャラをこれで奪回できるではないか！　俄然やる気の出たＰ子である。

まずは特定のキャラクター六名（動物）の性格や特技など（企業側が作ったプロフィールがある）を把握。そこはアニメで鍛えているから得意分野。問題は、三十秒という尺（長さ）だった。たった三十秒で人の心を打つドラマにはなり得ない（Ｐ子の実力では）。そのことに気付き、登場人物の心の揺れとか葛藤とかのドラマ要素は排除し、コント台本を書くつもりでひたすら一発ギャグを考えた。

しかしコントとしての完成度も低かった。ドラマでもなくコントでもない、中途半端なシナリオが出来上がった。

シナリオライターとしてのプライドが、ドラマにならないドラマを書くことを許さなかった。そして関西人としてのプライドが、面白くないコントを書くことを許さなかった。

Ｐ子は苦しんだ。たった三十秒のシナリオで、悶絶するほど苦しんだ。しかも、これを十二本も書かなくてはならない。

ギャラは良かった。尺で考えると、一本当たりの金額はドラマの二十倍だもの。

二十倍!!

それが原動力だった。町おこしの人形劇とは真逆の環境だ。神様はなかなか粋な計らいをなさる。ふっ。

お金のために仕事をした。このCMで誰が救われる? 誰が元気づけられる? 企業が儲かるだけ。P子の懐が温かくなるだけ。

そう思うと、ますますこの仕事が苦しくなってきた。ウンウン唸りながら十二本のネタを考えた。そしてドラマの二十倍(尺換算)のギャラをもらった。

預金通帳を見てニンマリするP子。こんな額、今まで振り込まれたことがない。仕事した対価としていただいた数字。素直に嬉しい。でも……、
やっぱりドラマを書きたい。ただ食べるためだけに仕事するのって、しんどいな。


三年後。別のルートで、同じCMの仕事の依頼が来た。ちょうどまた仕事がなかった時期で、高額ギャラは魅力的だった。が、断った。

「今、ドラマを書きたくて、その企画書づくりで手一杯なんです」

企画書が通るかどうかもわからない(仕事になるかどうかもわからない)のに、P子はその依

頼を断った。またしんどい思いをするのがわかっていたから……。

Ｐ子は、お金よりも、書きたいことを書ける喜びを知った。

自分がこれからもずっと幸せでいるためにも、もう妥協はしないと決めた。

なーんて、カッコイイこと言ったつもりだが、本当は、断ったことを三カ月後悔した。結局、企画はボツるし、仕事はないし、こんなＰ子に声をかけてくれただけでも有難いのに、断るなんて大馬鹿ものだ！

でもその二カ月後、また大転換があって、好きな原作アニメの仕事を三本掛け持ちすることになった。大好きな仕事をして、お金も稼げたのである。もしＣＭの仕事を引き受けていたら、この仕事をやる体力が残っていなかったかもしれない。

やっぱり断っておいてよかった！　人生万事塞翁が馬！

episode 6　著作権料のありがたみ

デビューして間もない頃、見覚えのない一通の茶封筒が届いた。差出人は『[redacted]映ビデオ株式会社』である。

はて、何かビデオ買った？　請求書？　首を傾げつつ封を開けて驚いた。

『ビデオ化追加報酬料お支払いのお知らせ』

請求書ではなく、Ｐ子に支払ってくれたのである。

説明しよう。脚本家には「脚本二次使用料」という嬉しい臨時収入がある。初めに契約した放送局や放送期間以外のところで脚本が使用された場合、「二次使用料」が発生するのだ。

たとえばＤＶＤ化したり、海外メディアに販売したり、配信で再放送したりする場合が多い。使用料は、販売収入のだいたい３％から５％くらい。

そういえば前の年、子ども向けドラマを一本だけ書いた。それがビデオ化されて売れたらしい。

Ｐ子が書いたのは、何話かあるうちの一本だけなのに、二次使用料として二万八千円も支払ってもらえた。嬉しい！　なんか、仕事してるって感じ〜！

これまで何本か脚本を書いたけれど、再放送もされなければＤＶＤ化もなし。まだ配信がメジャーでない時代だったのでそれもなし。買取契約（初めの原稿料のみであとは知らん顔される、脚本家には不利な契約）だったり、「脚本協力」という著作権すら発生しないゴースト的立場だったりしたから、自分の書いたものが正当な扱いを受け、正当な報酬をもらえるようになったことが、感慨深かった。

一人前になったような気がした二万八千円なのだった。


だがその喜びも束の間。ビデオはすぐに売れなくなったらしい。半年に一度くる『お支払いのお知らせ』は二百四十円に下落し、その半年後には、たった六十円になっていた。リーマンショックの株価の下落率よりひどい。

だがほぼ入れ替わりのタイミングで、アニメ会社より『ビデオ脚本二次使用料支払い報告書』が、年に数回届くようになった。

その仕事はＰ子史上初めて軌道に乗った仕事で、レギュラーとして約一年で五十六本を書いた。だから二次使用料も結構いい額が入金される。一回につき十二万とか十八万とか。また、ビデオ化（ＤＶＤ化）の他に海外メディアへも積極的に販売されたので、加えて『海外販売脚本使用料支払い報告書』も来るようになり、いい時で二十万も入金された。

やがてビデオが衰退し、海外へも売りつくしたとみられ、金額は年々下落していったが、代わりに登場したのが『動画配信二次使用料支払い報告書』である。半年にいっぺん、数万円単位の臨時収入がコンスタントに入ってくるようになった。

あの弾丸ロケ三日で書いた映画もＤＶＤ化され、二次使用料として二十万近い金額が支払われた。一次使用料（原稿料）が三万円だったので、少し救われた気がした。

こうして年に数回、『脚本二次使用料支払い報告書』が届くようになった。年賀状より嬉しい郵便物なのである。

episode 7　リベンジ果たす！

その昔、ちょっとした人間関係のもつれで、アニメの仕事をクビになったことがあった。

こういうことは、わりと脚本家あるある話で、先日、脚本家生活三十年のベテラン先輩方と飲んだ時も、同様の話でしんみりしたものである。

「仕事をクビになったとき、どうやって立ち直ったか」について、先輩方にお聞きしたところ、

①　旅に出る

②　たかが脚本、死ぬわけじゃなしと自分に言い聞かせ、しばし仕事を忘れて趣味に没頭する

③　ベストを尽くしたのだから、それでだめならしょうがないとあきらめる

などという、まことに涙なしには聞けないお話を頂戴した。皆さんご苦労なさっての今があるのだなと、しみじみした。

しかしそれは、今だからこそしみじみできるのであって、当時のＰ子は、「仕事をクビになった」という経験にひどく打ちのめされていた。

よほど生気を失っていたのだろう。道を歩いていると「占い師の卵」と名乗る人に声を掛けら

れた。いつもなら足早にスルーするところを、真剣に相談にのってもらった。

「どうしたらいいんでしょう、真っ向から戦うべきでしょうか」

Ｐ子の悩みを打ち明けられた占い師の卵は、Ｐ子と同世代くらいの若い女性で、同情するかのように少し首をかしげ、

「でもそれじゃ、あなたが潰されちゃう」

と、手相も見ずに気の毒そうに言った。

まるで会社の給湯室で語り合うＯＬの人生相談のように、フツーに相談に乗ってくれたのである。よほどＰ子が切羽詰まった顔をしていたのだろう。つい占うのを忘れてしまったのか、それともいい加減な占いはこの人にはできないと思ってくれたのか、定かではない。が、いい人であった。


悶々とした気持ちは収まらず、休暇のふりをして実家に帰り、薬師寺のお坊さんの説法を聞いて号泣したりもした。

この出来事はＰ子の心に深い傷を残したのであるが、その後、事態は一変する。

気の毒に思ってくれたプロデューサーから新しい仕事を紹介されたのである。それが『ちびま

る子ちゃん』であった。

「人間万事塞翁が馬」という諺がある。サクッと検索してみてくれ。要するに、悪いことがあっても、それが後に「かえって良かったよ」と思えることに転じることがあるということだ。


そしてその十年後、さらに驚くことが起こる。クビになったアニメの新シリーズの制作が決まり、なんとP子に声がかかった。本当は、スタッフも脚本家も一新する予定だったらしいが、旧作を経験している人が一人くらいはいたほうがいいということで、P子に白羽の矢が立ったのである。


新シリーズの脚本は順調に書けた。

他に新しく登板した三名の脚本家がいて、P子たち四人はお互いにリスペクトしあい、とても仲良しだった。

「ライター同士が仲良くするなんて気持ち悪い。仲良しクラブじゃないんだから」

と、かつて関係がもつれた相手は言っていた。でも仲良しクラブいいじゃないか！　楽しく仕事できればいいじゃないか！　人生楽しけりゃいいんだよ！

仲良しクラブの酒の席で、旧作でクビになった話をした。するとこう言われた。

「P子さん、勝ちましたね！」

その言葉を聞いたとき、二つの感覚がP子の胸の中に広がった。

ひとつは、鍋底（心の底）にこびりついていた頑固な焦げ付きが重曹でペロンと簡単に剝がれ落ちた時のようなスッキリ感。そしてもう一つは黒歴史をリセットできた安堵感。ほわ〜と心の中の霧が晴れていく。

P子は自分の過去に勝ったと思った。

かつてP子を苦しめた過去には「お陰様」と頭を下げよう。あの出来事がなければこの仕事に関わることはできなかった。今は感謝の気持ちでいっぱいである。

こんなふうに思えるようになった自分への勝利宣言。ああ、十年かかったかぁ。

エピローグ

ぼーっとしているP子の背後に、現在の私が現れる。

私「P子、あんたほんと、ご苦労さん」

P子「（振り返って）えッ！？　誰！？」

私「未来のあんただよ」

P子「えッ！？（まじまじと見て）……生きてるんだ」

私「あんたね、頑張ってるとは思うけど、全然楽しそうじゃないよね」

P子「当たり前じゃないですか。ひどい目に遭ってばっかなんですから」

私「もっとリラックスしろ。固まってると力を発揮できないぞ。ほら深呼吸！」

P子「す〜は〜す〜は〜。でも、なんか、しんどいです。世の中にはとんとん拍子に成功している人もいるのに。なんか、自分だけ、無駄に苦労してるんじゃないかって」

私「どんな出来事も、人生を彩る一色の絵の具であり意味がある。今の私から見たら、あんたの経験はどれも大きな意味があったと思うよ」

Ｐ子「そうかな……」
私「あんたはまだ道の途中。今の状態を結果だと思わないで。あんたは必ずプロになれるから」
Ｐ子「信じていいのかな」
私「この仕事はね、自分の力を信じるしか支えはないんだよ」
Ｐ子「……」
私「私が今、シナリオライターとして仕事できているのは、あんたが頑張ってきてくれたお陰だからね」
Ｐ子「え？」
私「どんなに辛い目に遭っても、絶対に夢をあきらめなかった、あんたのお陰だから」
Ｐ子「プロに、なったんですか？」
私「うん。ありがとう、Ｐ子。よく頑張ったね」

Ｐ子を抱きしめる私。
だがＰ子の体は無数の光となり、パッとはじけて消える。
あとに残された私。
新たな私の物語が始まる。

過去の私を反省することはあっても否定はしない。だから次の人生を紡いでいける。Ｐ子あっての今の私、そして未来の私なのだ。数年後も、過去の私にありがとうと言えるように、今を頑張りたい。

閑話休題① P子がシナリオライターをめざすまで

幼いころから、姉と人形でよく遊んだ。

赤い毛玉に目が二つだけの火の玉のようなぬいぐるみに「ひーちゃん」と名前を付け、『火の玉ひーちゃんの大冒険』という物語を即興で作り、主題歌まで作った。

♪ひ、ひ、ひーちゃん、世界の果てから飛んできた〜♪

今でもメロディを口ずさめる名曲だ。

生まれて初めて脚本を書いたのは、小学二年生だった。お楽しみ会でお友達と人形劇をすることになっていた。劇のお話は、お友達と考えたオリジナルだった。

登場人物は、手袋で作ったうさぎとか猫とかの動物だった。その仲間たちが一緒に遊んでいると、凍った水たまりを発見する。水たまりの一面に張った氷を、みんなで持ち上げて運ぼうということになる。ところがあやまって落として割ってしまう……。

そこからお話どうする？　となって、お友達が「そこで終わってもいいし」と言い出した。私は「それではつまらない」と反論したことを覚えている。

結局、お話の続きがどうなったかは覚えていないが、「氷を見つけて運んで落とした」だけではドラマにならないということをわずか七歳でわかっていた私は天才だと思う。

きっと『火の玉ひーちゃん』でドラマ作りのノウハウを培ったのだろう。

小学四年生頃から漫画を描きはじめ、数々のオリジナルストーリーを生み出した。

スケートボード選手の青春を描いた『ヘイ！　スケートボード』や、猫が教師の『にゃんこ先生大冒険』、ぶさいくな姉妹が美人をやっつけるギャグマンガ『ソラママメとギンナン』など、田嶋家でベストセラーとなった。

小学五年生になると、脚色（原作のストーリーをシナリオ化すること）にも手を染めた。

演劇部で『カエルの王子様』を上演することになっていた。ところがその原作にある、お姫様のカエルに対するセリフがあまりにひどいと思った。「この薄汚いカエル」とか「気持ち悪い」とか、侮辱的な言葉をカエルに向かって連発するお姫様を好きになれなかった。

そこで私は先生に、原作のセリフを変えたいと申し出て、自分で書き直した（著作権侵害⁉）。

また、当時、『スター誕生！』という視聴者参加型オーディション番組があった。

高校生の姉の同級生が出場するというので、一緒に応援しようとテレビの前に座った。

その番組では、歌を披露する前に、出場者らの日常生活のドキュメンタリー映像が流れる。姉の同級生はお金持ちで、家族と仲良くドライブする映像などが流れた。

他の出場者は、ガソリンスタンドで汗水たらして働く姿や、家族に反対されて一人で上京する姿などが映し出された。

私は姉の同級生より、ライバルたちを応援した。

家族に応援されて夢を叶えようとする人より、周囲から見放されても夢をあきらめずに頑張る人のほうが魅力的に思えたのである。


私が二十歳になってシナリオライターになりたいと言ったら、父は「絵空事を言わずに現実を見ろ」と睨みつけた。

私が仕事を辞めてシナリオ学校に通い始めたら、母は親戚に「久子は税理士を目指して猛勉強中なんですの」と嘘をついた。

私が徹夜でシナリオコンクールに応募する作品をせっせと書いていたら、姉は「キーボードを叩く音がうるさい」と言って、テレビの音量をガンガン上げて妨害した。

ひどい。

しかし家族に応援されないからと言って、夢をあきらめるようでは軟弱なのである。周囲に「無理だよ」「やめておけ」と言われても、やり通すくらいの覚悟がなければ夢は叶えられないと思う。『スター誕生！』で合格したのは姉の同級生ではなくライバルだった。あの時の記憶が、私の心の支えになっていたのかもしれない。

家族の冷たい仕打ちがあってこそ、私は「見返してやる！」の一心で、夢を実現できたのかもしれない。


大学時代は関西の小劇場で役者をしていた。

当時、東京の芸能界なんて雲の上の遠い存在だったが、関西の小劇場で活躍されていた、辰巳琢郎さんや升毅さん、生瀬勝久さん、渡辺いっけいさん、古田新太さんなどが次々とテレビにご出演されていくのを観て、夢の実現は絵空事ではないと思い始めた。

私も、頑張ればあの雲の上の世界にいけるのかも、と思ったが、その思いはすぐに消えた。

私が所属していた劇団の先輩にキムラ緑子さんがいた。学生時代から彼女は天才と言われていた。故郷を離れ、いろんなものを捨て、さまざまなアルバイトを掛け持ちしながら演劇に身を捧げる彼女の姿を見ていると、私にはここまでの情熱と才能と覚悟はないと悟ったのである。

大学を卒業後は堅気になろうと大手旅行会社に就職した。豪州方面の担当となり、ハネムーンツアーを作る仕事に就いた。ヘリコプターで上空からサンゴ礁を見物したり、ラクダに乗って砂漠を散歩したり、いかにロマンチックな旅の思い出を提供できるかを毎日考えた。

夏休みの特別企画として、子どもたちだけでオーストラリアの広大なファームに泊まってカヌーや乗馬などを楽しむツアーを企画し、添乗員として同行したこともある。バスに酔う子やホームシックにかかる子、いじめ問題など、いろいろなハプニングに対応したのもいい経験だった。

仕事は楽しく、演劇やシナリオへの想いは薄らいでいった……。

と、思われたが、バブルがはじけると同時に事態が急変。面白いツアーを企画しても売れない。飛行機とホテルだけ付けてナンボみたいな格安ツアーしか売れなくなった。中身はどうでもいいからいかに安く値付けるか、そればかりを考える仕事に不満を覚えるようになった。

私はこのまま一生、このオフィスで不満を抱えて生きるのか？　ならば潔く辞めて果たせなかった夢を再び追いかけたほうが……いやそれも不確定だし、不安でいっぱいの一生だ。

先の見える不満か、先の見えない不安か。

天秤にかけて出した結論は、一生ブツブツ不満を言う人生を送るのは嫌だ、であった。


会社をやめてシナリオ学校に通った。

少しずつ積み立てをしていた通帳の表紙に『東京貯金』と書いて、いつか上京するときのために、大事に宝石箱にしまっておいた。

それから三年間、ひたすらシナリオコンクールに応募する日々が続いた。

無職で三年という月日は長く、ある日、駅のホームで電車を待っていてふと思った。ラッシュアワーで大勢のサラリーマンたちが並んでいた。

「この人たちは一生懸命働いて税金を納めているのに私は何をしているのだろう……」

肩身の狭い気持ちになった。


三十歳でようやく朝日放送『新・部長刑事アーバンポリス24』という刑事ドラマのストーリーコンクールで優秀賞を受賞した。だがそれはシナリオではなくストーリーだ。これでは上京もできないし、シナリオも書けない。嬉しいが「惜しい！」という気持ちが残った。

それでも受賞式で、審査委員長の藤本義一氏が記者団に向かって、

「大賞は別の作品だが、僕はこの作品が一番良かった」

と言ってくださったのが心の支えだった。

その数日後、シナリオ学校の友人が、日本テレビのシナリオコンクールの一次審査に、私の作品が通過していると教えてくれた。月刊『ドラマ』誌上に審査発表が掲載されていた。この波に乗って二次審査も通過するか、それともストーリーコンクールで運を使い果たしたので一次止まりか。

月刊ドラマの来月号の発売を心待ちにしていたある日、母が慌てて私の部屋に来て、しぼり出すような声で言った。

「電話！　日本テレビって！」

え？　なに？　まだ二次審査も発表になっていないのに。

電話に出ると、日本テレビの人が早口でまくし立てた。

「日本テレビの[redacted]といいますが、結果から言うと優秀賞なんです」

おめでとうございます！とかの前置きもなく、いきなり早口で、さらっとすごいことを言うの

で、何のことだかさっぱり理解できなかった。

早口のプロデューサーは、受賞式をするから東京まで来てくださいとか、新幹線代はテレビ局が出しますとか、そういう事務的な話を、事務的な口調で言った。

私は頭の中で、『月刊ドラマ』誌に審査結果が掲載されるより先に受賞作が決まったんだな、ということを冷静に考えていた。

受話器を置いて部屋に戻ると、じわじわと喜びが湧きあがってきた。

これほどの喜びを人生で味わったことがなかったので、どうすればいいかわからなかった。「やったー」とか大きな声を出すと、隣室の姉に聞こえるかもしれないので恥ずかしい。とりあえず、小躍りしてみようと思い一人踊ってみた。

そうだ。いよいよ上京することになるかもしれないから、もっと運気を上げておこう。と、風水本を買って読んだら、私の部屋はすでに強運の相となっていて驚いた。


こうして強運を背負い、いざ東京へ。

受賞式に出席し、芸能人のように記者団のフラッシュを浴び、すっかり有頂天になった。

審査委員長のプロデューサーが笑顔で話しかけてきた。

「三千通近い応募作品は置き場がなくトイレに積み上げていたんだよ。そこから受賞作を決めようと、くじ引きみたいにエイヤッと引いたら君の作品だった」

と笑えない冗談を言われた。

その一カ月後、六畳一間の安アパートを契約し、『東京貯金』の通帳を握りしめて単身上京した。一枚の毛布と電気スタンドとワープロ一台だけから始まった新生活だった。

一生懸命書いた新作シナリオを携え、日本テレビの社屋を訪ね、早口のプロデューサーにお会いした。そこで食らったあの発言。

「君はプロになれない」

そこから死に物狂いの挽回が始まったのだった。

第三章　制作現場の裏とシナリオ創作のヒミツ

プロローグ

コンクールに入賞してデビューしたものの、不遇の新人時代を過ごしたP子であるが、ようやくプロとして仕事しているな、という自覚を持ったのは、アニメの仕事をレギュラーでやるようになってからである。この章では、プロになった現在の「私」から、仕事現場の制作裏話と、シナリオ創作のヒミツについてお話をしよう。

episode 1　アニメの現場1

アニメ『ちびまる子ちゃん』の放送が始まったのは一九九〇年。私は二〇〇四年の九月放送分から関わっている。

担当する脚本家は現在十数名いるが、二十年以上飽きもせず、クビにもならず続けているのは私を含め三名だけである。

古参という立場になってきて、これまで二百本以上のオリジナル脚本を書いてきた。

脚本は映像を文字に起こす仕事なので右脳と左脳を同時に使う。特にアニメの場合、出来上がった脚本をもとに作画担当者が画に起こすので、読んで頭の中に映像が思い浮かぶような脚本であったほうがよい。登場人物がどのような動きをして、どのような表情をしてセリフをしゃべっているのか。脚本家自身がそれを明確に頭の中で映像化できていなければ、そのような脚本は書けない。

ではどうすれば、想像したことを頭の中で映像化できるのか？

頭の中の発想というのは、おのずと経験したことから出てくることが多い。以前、テレビで宮崎駿氏のお話を聞いたことがある。作画担当に架空の島に沈む夕日を描かせたら、何度描いても日本海に沈む夕日を描いてくるという。聞くとその作画担当は新潟県出身で、夕日と言えば小さいころから見てきた日本海に沈む夕日だったそうだ（私のような素人には架空の島に沈む夕日と日本海に沈む夕日の違いはわからないが、宮崎氏にはその違いがはっきりとあるのだろう）。人が何かを想像するとき、ゼロからは発想できないのではないだろうか。実際に見たこと、聞いたこと、経験したことがベースとなり、そこから発想するものだ。だからなるべくいろんなものを見て、聞いて、経験して、発想の引き出しを多くしておきたい。

さて、『ちびまる子ちゃん』の制作会社との脚本制作の段取りはこうである。

まず、ネタ出しといって、簡単なストーリーのアイデアを何本か提出。他の脚本家さんと競合して、採用になったらプロットに進む。そこで監督と打ち合わせをして書き直す。それを数回繰り返して、シナリオに進む。そこでまた打ち合わせと書き直しを数回くり返して、やっと決定稿。そこで初めてギャラが発生する。

脚本の打ち合わせとはだいたいこんなものである。毎回、オリジナルストーリーを考えるなんて大変！と、読者のみなさんは思うかもしれないが、キャラクターがしっかりしていれば意外とできるものである。だから、原作者さくらももこ先生のキャラクター造形はすごいのである。

では、ストーリーのネタはどうやって閃く、いや、しぼり出すのか説明しよう。

原作は、さくら先生の子どもの頃の思い出を綴ったエッセイ漫画であるから、アニメも比較的リアリティを求められる。だからなるべく自分の子どもの頃の思い出をネタにしてきた。何を考え、どんなことに悩み、笑い、葛藤していたかを思い出す作業からだ。

それは同時に、オリジナリティを生み出す作業でもある。頭の中で考えることより、実際に自分が体験したことは、他の誰にも書けないオリジナルな物語になる。

読者の皆さんは思うかもしれない。

「なーんだ。自分の経験談を話にするのなら簡単じゃねーか。ネタに困んねーよな」

ははは。現場はそんなに甘くないんだぞ。

ご長寿アニメには、三つの地雷がある。

その一「その話、過去に同じようなのをやりました」

一生懸命しぼり出したネタも、この言葉の前にはひれ伏すしかない。

その二「それ今、差別的表現になるから放送できません」

まる子の世界は昭和四十九年から五十年頃で、その時代は「用務員さん」とか「エスキモー」とかのワードを普通に使っていたが、現在は放送できない。夏の風物詩だったスイカ割りも、食物を粗末にしているとか、視覚障がい者を差別しているなどの理由でNGだ。

その三「田嶋さんはそうかもしれないけど、まる子は違います」

まる子が木登りする話を書いたら、男性監督は、「女の子は木登りなんてしないのでは？」と言う。「私やりましたよ？」と返すと、このセリフを食らった。私のキャラとまる子のキャラは違うので、私の経験がそのまま通用するわけではないのである。

そういう難しさはあるが、私はこの仕事が大好きなのだ。他の現場では味わえなかった醍醐味があるからだ。

私が初登板したとき、当時の女性監督にこう言われた。

「あなたはこの作品で何が言いたいの？　あなたの書きたいことを書きなさい」

目からウロコの私。

「え？　書きたいことを書いていいの？」

P子時代（不遇の新人時代）は自分の書きたいことを書かせてもらえたことはなかった。

プロデューサーの意向だったり、原作者の意向だったり、役者の事務所の意向などに振り回され、自分はいったい何を書きたくてこの世界に入ったのかを忘れるほどだった。

それが今は、自分の書きたいことを書いていいのだ！　わーい！

だがその喜びも束の間。自由に書いていいとはいえ、やはりいろ〜んな制約はある。

脚本はすべて原作サイドのプロダクションが目を通す。原作の世界観から離れていないか、キャラクターを守れているか、国民的アニメとしての倫理を守れているか、などのチェックが入る。それはそれは厳しいチェックだ。

以前、こんなことがあった。

二〇一七年五月二十一日に放送された『うみたて卵が食べたいの巻』を書いたときのこと。

この話は、私の母から聞いたエピソードをヒントに考えた。当時八十歳になる母が子どもの頃、庭で鶏を放し飼いにしていたと言う。毎朝、その鶏が産み落とす卵を取りに行くのが母の役目だったらしい。

「あのうみたて卵の美味しさといったら！　あの味を知ったら、今のスーパーで買う卵なんて食べられたもんじゃないよ」

この話からヒントを得て、まる子がうみたて卵を食べたいと思う話を書いた。ラストシーンでまる子は、やっとの思いで手に入れたうみたて卵を卵かけご飯にして食べるのである。

しかしそこで、原作サイドから待ったがかかった。

「生卵は危険ではないか」

生卵はサルモネラ菌に侵される危険性がある。番組を見たお子様が真似をして、うみたて卵を食べて食中毒になってはまずいと言うのである。

頭を抱える私。この話の中でまる子は、うみたて卵を食べるためにあらゆる努力をし、苦労をし、葛藤を経て、やっとの思いで卵を手に入れるのである。新鮮な卵は生で食べるのが一番うまい。ラストはぜひ、うみたて卵の卵かけご飯を頬張り、満面の笑みで、「おいし～い！」と言って欲しい。

そこで私は、保健所に「うみたて卵を生で食べるリスク」について問い合わせた。すると、「家の柿を取って食べるほどのリスク」との回答。「サルモネラ菌は増殖すると危ないのであって、すぐに食べれば大丈夫」との裏付けも取り、それを原作サイドに伝えて何とかオッケーをもらった。

『美人のくしの巻』（二〇一二年五月十三日放送）では、「髪は女の命」というセリフを書いたら、原作サイドからＮＧのお達し。

「病気で髪が抜ける人の気持ちに配慮を」

そこで、何度か登場するこのセリフを極力減らした。当時はまだ減らすだけでＯＫになったが、現代だとこのセリフを書いただけで即刻炎上だろう。再放送時には、「一部不適切な表現が含まれます」とのテロップを流さねばなるまい。

国民的アニメゆえ、誰も傷つけないシナリオを、という配慮である。

それゆえに誰もが安心して楽しめる作品となっている。それが長寿番組の秘訣らしい。

また、二〇一六年より関わった『新・忍者ハットリくん』（藤子不二雄Ⓐ原作）も、シナリオを書いたら必ず原作サイドのチェックを受ける。一度、決定稿になってからボツになるかもという危機にさらされたことがある。

『影千代危機一髪の巻』というオリジナルストーリーで、忍者猫の影千代というネコが家出して、あるお婆さんに出会って家に連れて行かれる。が、なぜかそのお婆さんは、やたらと影千代にご馳走を食べさせる。はじめは影千代も喜んでいるが、ある日、別室に三味線（猫の皮で作られている）がズラリと並んでいるのを発見してしまう……。

監督が、「怖い話は今までになかったからやろう。どうせならもっと怖くしよう」というので、なるべく怖く、怖く、怖さ七割ギャグ三割とか言われて、どんどんシナリオを怖くしていった。

すると原作サイドから物言いがついた。

「怖すぎる」と。怖すぎて原作の世界観からはずれていると。

そこでギャグ多めにして、なんとかＯＫをもらうことができたのだった。

他にも、忍法は一般人に向けては使わないという原作ポリシーがあり、お婆さんが襲ってきても忍法で対抗することはできず、いろいろと苦労したのであった。


原作サイドとの戦いは苦しい時もあるが、やはり原作あってのアニメである。原作者が原作にこめたハートをちゃんと受け止めてシナリオを書かねばなるまい。知恵を絞って書き直す日々である。

こんなふうにいろんな制約はあっても、基本的には自分の書きたいものを書ける喜びをかみしめている。

人間関係やパワハラに悩んだあの頃に比べれば、作品について悩めるなんて、幸せなのである。

episode 2　アニメの現場2

ドラマ畑でデビューし、アニメに疎かった私は、二〇〇二年にアニメ『あたしンち』のお話をいただいたとき、正直尻込みした。しかし原作の大ファンだったので飛びついた。

原作は二十三コマの漫画で、それをそのままアニメにしても三分ほどにしかならない。だからそれを十分の物語に膨らます。

膨らまし方はいろいろあって、原作で語られるエピソードの数を増やしたり、原作の続きを展開させたり、サイドストーリーを作ったり、登場人物の感情を掘り下げて描いたり……。ただお話を延ばすのではなく、キャラクターや原作のテーマがより深く浮き彫りになるよう立体的に描くのが理想である。

そうやって書き上げた原稿は、必ず原作サイドにお見せする。そこで、脚本家のアイデアが原作の意図に合った面白いものであればオッケーをもらえるが、たいていは原稿に赤ペンで直しを入れられて戻ってきた。

この赤ペンに心折れる脚本家もいたが、私は原作者直筆のサインをもらったような気持ちになり感激した。実際、原作者直々にいただく代案のほうが面白いし、「参りました」となってしまうのだ。同じもの書きとして、原作者のおっしゃることはとにかく勉強になった。


『あたしンち』は、原作者けらえいこ先生の過去や日常生活の中で実際に感じたことがベースになっているので、シナリオにもリアリティが求められる。

たとえば、主人公の「母」が、なんでも目分量で計るので失敗するという話の場合。目分量のエピソードを増やしてみようと考えたとする。料理の調味料や、洗剤の詰め替えなどの他に、日常生活の中で目分量で計るものといったら？　しかも面白いリアクションになるものは？

頭の中で思いついたり考えたりすることには限界がある。だからよく知人に取材した。

その知人の実話が面白かった。リビングテーブルを買いに行ったらサイズがわからなかった。そこで、毎朝の食事風景をお店の売り場で再現したというのだ。いつもこのあたりに子どもの皿をおいて、その横に紅茶セットをおいて、夫の皿はこのあたりなのよね……と、体が覚えている距離感や高さから、テーブルのおおよそのサイズを割り出したというのである。

事実は小説より奇なりで、頭では到底思いつかないような面白いことを、意外とみんなやってるんだな〜と、幸せな気持ちになりつつそのネタをシナリオに落とし込んだ。

うまくいくと、初稿で原作サイドのオッケーが出て、そのまま決定稿になることがあった。しかしうまくいかないと、何度書き直しても原作サイドのオッケーが出ず、ついにお蔵入りとなることも。監督やプロデューサーがオッケーでも、原作サイドがＮＧならＮＧなのであった。とくにアニメ化初期の頃は、原作サイドも原作の意図を理解してもらおうともがいていた（原作者談）らしく、厳しいチェックが入った。私もスタッフも原作サイドも、いろいろ苦心はあったが、結果、高いクオリティを維持したアニメ作品として、今もその人気は衰えていない。

どの原作サイドとのやりとりもそうだが、一般的に、原作サイドのオッケーがなかなか出ないと、アニメの制作スケジュールに支障が出てくる。スケジュールが遅れると、何億もの損失を出すことになりかねない。焦ったプロデューサーが原作サイドの承認をもらわずに強引にすすめて、あとでトラブルになったケースもあるらしい。

原作者が自分の作品を守るのは当然である。私たちも、原作あっての作品なので、尊重すべきだと思う。

しかし二次元の作品を三次元の作品に変換するとき、そこにはどうしてもリスクが伴う。漫画で読むと面白いけど、それをリアルなキャラクターがしゃべったり動いたりして表現すると、その面白さが失われることがある。

逆に、漫画で表現しきれなかった面白さが、ドラマやアニメで表現できることもある。どちらに転ぶかは、正直やってみないとわからない部分もある。

また、尺の短い原作を長いお話に膨らませる場合、物語のリズムが変わってくる。似たようなエピソードをただ羅列するだけでは冗長で面白くなくなる。お話の膨らませ方には前述したようないろいろな方法があるわけだが、原作者はそれを熟練の監督や脚本家の腕に任せるという選択もありだし、逆に、原作の繊細な部分をスタッフが百パーセント理解するのは難しいだろうから任せられない、という選択もありだと思う。

原作者が自分の作品を守るのは当然。制作サイドがスケジュールと予算を守るのは当然。

脚本家は、そのどちらをも守りたいが、実はそのどちらにも責任はない。何に対しても決定権はなく、プロデューサーの指示に従うのみ。

だからプロデューサーにはしっかりしていただきたい。たいていの脚本家は、原作サイドと制作サイドとのトラブルに振り回されて疲弊する。

脚本家もものを書く人である。原作者の気持ちが痛いほどよくわかる。自分の作品がめちゃめちゃにされる苦痛を、何度も味わってきた。ただ脚本の場合は、たとえそれがオリジナル作品であっても、それだけでひとつの作品として成り立つわけではなく、大勢のスタッフの手を経てテレビの画面に出て、そこで初めて作品と認識されるわけなので、それはもう誰か一人の作品ではなくなっている。その覚悟は持たざるをえない。

「自分の書きたいもの、やりたいことにこだわる人は、監督をやったほうがいい。脚本家は監督を支える右腕であり一歩下がる」

とは、脚本家仲間の言葉。なるほどと思った。でもたとえ右腕でも、一歩下がっていても、作家として自分の世界観や作品のテーマは持っておくべきだとは思う。この矛盾とどう戦うのか、未熟な私はまだその答えを知らない。

思うに、周囲を説得できる圧倒的な作品力、人間力、発言力の三拍子が揃ったとき、その問題は解決できる……だろうか？

話を元に戻そう。

『あたしンち』はたくさんの脚本を書かせてもらい、その後の新シリーズ（二〇一五年〜）でも脚本を書かせてもらえた。

その時の監督さんに言われたことで、印象的だったことがある。

「どんなに作品が上手でも、人柄に問題があれば仕事は来ない」

その監督さん自身、フリーランスでいらしたので、思うところがあったのだろう。プロデューサーがどの脚本家に仕事を依頼しようか考えた時、監督とうまくやっていけそうな人にオファーするというのである。

そういえば昔、あるプロデューサーに「お前は人柄が面白くないからプロにはなれん」と言われたことがある。そのときは、理不尽なこと言うな〜と思ったものだ。

デビューして間もない頃、脚本家の内館牧子さんに初めてお会いして、

「仕事がないんです」

と、名刺をお渡ししたことがある。

すると内館さんは、

「あなた名刺なんて渡すんじゃなくて、作品を持ってきなさい。脚本家は作品勝負よ」

と力強くおっしゃった。

その言葉を信じて、ずっと、脚本家は作品勝負だと思ってきたので、監督さんの言葉は衝撃的だった。

でも考えるとほんとにそうかもしれない。ドラマ作りアニメ作りは共同作業。いくら作品がよくても、監督や原作者と相性の悪い人物なら、プロデューサーとしては配置したくないだろう。

実際、心当たりはあって、不器用でけんかっ早いP子は、それが原因では……と思う体験もしばしば。苦笑。


その後、『あたしンち』シリーズは地上波での放送が終わっても、YouTubeチャンネルで配信されて登録者数が百万人を超えた。その記念に、スペシャル版（新作全五話）が制作されることになり、その脚本を一人で任されることになった。

打ち合わせには、原作者のけらえいこ先生も参加され、脚本作りからの共同作業となった。けら先生と共にみんなでアイデアを出し合い、化学反応が起きて第三のアイデアが出た時、作品がブラッシュアップされる。とてもいい仕事をしたと思える瞬間だ。しかしなかなかあることではない。

原作者の頭脳というのは、いい意味で一線を越えていると言うか、宇宙人的天才的なところがあって、「一緒にアイデアを出す」なんておこがましいという気持ちになってしまう。けら先生直々の口伝のアイデアに、私は毎回大変な刺激を受けた。もちろん原稿は何度も書き直すこととなったが、天才の頭脳にここまで濃密に触れる機会というのはめったにないので、有難くお付き合いした。

特に刺激を受けたのは、けら先生の「本当に起きたことを描く」という信念だ。頭で考えて作り上げたフィクションではなく、本当の出来事、本当の感情、本当の人物像を描くということが、本当の感動を生む。

だからよく打ち合わせでは、アイデアの千本ノックみたいなことをやった。

たとえば、車の運転中に居眠りしそうになった時の眠気覚ましの方法は？　千本ノック。

スタッフ一同、口々に言う。ガムをかむ。トイレに行く。歌を歌う。コーヒーを飲む……。

私は夫が運転する横で、篠笛を演奏したことがあった。ちょうどシナリオから逃げて篠笛を習っていた時で、夫の眠気覚ましになればと篠笛を持って車に乗り込んだ。

高速道路に入ってしばらくすると会話もなくなり、単調な時間だけが過ぎていく。ここぞとばかりに笛を取り出し、助手席で一曲ピ～ヒョロロとやったら、夫が「上手だね」と言ったので、調子に乗って何曲も披露したら「もういい」と言われてしまった。

そのことを思い出し、千本ノックで発表するとスタッフ一同大爆笑した。けら先生もゲラゲラ笑っていたので、「よっし！」と心の中でガッツポーズした。しかし、

「面白すぎてダメ」

と先生。原作の世界と違ったか……（汗）。

でもボツになったものの、けら先生に「面白すぎ」と言ってもらえたことが、ひそかに嬉しい私なのであった。

episode 3　国際化する日本のアニメ

昨今は、アニメーターの人手不足か予算の都合か、日本のアニメ制作を海外に発注することがあるようだ。逆に、海外で放送するアニメの制作を、日本の技術が請け負うこともある。

アニメ『ズーブルズ！』（二〇一一年制作）は韓国KBS（放送局）製作のアニメで、作画も韓国で制作されたが、そのシナリオと演出は日本の制作会社が請け負った。

私もシナリオ要員として何本か書いた。キャラクターは動物の体をしたキャンディーで（つまりキャンディーを擬人化した動物にする）、ファンタジーなので、ある意味好きなように書けた。

演出家は、韓国サイドの作画チームとオンラインで打ち合わせをしていた。

日本でもテレビ東京で放送されたようだが、買取契約だったので、詳しいことは知らない。

『忍者ハットリくん』は藤子不二雄Ⓐ原作の国民的アニメで、一九八一年よりテレビ放送開始、その後も二期、三期……とアニメ化された。

それがインドでも放送されて大人気となった。新作を熱望するインド側の要求で、ついに二〇一二年より新作をインドで製作・放送することとなり、のちに日本語吹き替え版『ＮＩＮＪＡハットリくんリターンズ』が、配信などで日本でも観られるようになった。つまり逆輸入である。

シナリオは日本で制作しており、私も二〇一六年からチームに参加して何本か書いた。

作画はインドで制作しているので、さまざまな制約があった。

まずお料理のシーンはＮＧ。お料理の画を描かせると、インド料理になってしまうらしい。

人が座っている画もＮＧだ。キャラクターは三頭身なので、そのまま普通に椅子に座る画を描くと、足が浮く。熟練のスタッフが描くと、うま〜く三頭身の比率を調整して、床に足がつくように描いてくれるのだそうだ。でもなかなか難しいことらしい。

「足踏みする」という動きもＮＧ。空中で歩いている画になってしまうとか。

教室の全景もＮＧ。遠近法は描けないらしい。日本のアニメーターがいかに優秀か思い知らされる。

国際化ゆえの制約だが、新鮮な驚きがあって楽しかった。

あと、日本語版の声優さんが八十歳を超えているので、長いセリフはＮＧとかもあった。

原作サイドの要求や、制作上の都合や事情など、シナリオ制作にはいろんな制約があるものだ。

それをどうクリアしていくかということが、プロの世界では要求される。

「そんなの無理です」「できません」は通用しない。不可能を可能にするのがプロなのだ。

もう少し世界の話をしよう。


日本のアニメは世界中で再放送されている。

『ちびまる子ちゃん』は特に、香港や台湾、中国などの中華圏で人気で、『あたしンち』や『おぼっちゃまくん』（日本で三十年前に制作されたもの）は、インドで月間人気投票第一位を獲得することもある大人気アニメと聞く。

『あたしンち』のような日本のホームドラマがなぜインドで人気なのか？

インドのお母さんたちは、良妻賢母が理想の姿とされているらしく、『あたしンち』のお母さんのように晩御飯のおかずはちくわだけとか、雨の日は買い物に行かないとか、冷蔵庫のドアをお尻で閉めるとか、そういうぐーたらな一面がうらやましいのだという。

そういえば、私がこれまで観たインド映画には（欧米映画でも）、そのようなぐーたらなマザーが出てきたためしはない。『あたしンち』のようなお母さんは、インドの人々にはカルチャーショックだったに違いない。

それと、物語に出てくる学校の様子や家庭の様子や人間関係が、欧米に比べて近しいのだそう。日常生活の中で起こる些細な出来事に一喜一憂する登場人物たちの姿は、インドの人々の共感を呼び、心に刺さるのだろう。

そういえば、『ちびまる子ちゃん』のような昭和四十年代の小学生の話が、今の子どもたちの心に刺さるのだろうかと心配になったことがある。

しかし時代は変わっても子どもたちが心に思うことは変わらないとの思いに至った。大事なものをなくして悲しかったり、友だち関係に悩んだり、家族が自分よりきょうだいをエコヒイキしていると思ったり。

人間の心というものは時代も国も越えて普遍なのだ。作画技術だけではなく、人間の心を描いている脚本も、日本アニメの人気の秘密なのかも。そう思いたい。テヘッ。

もうひとつ語っておきたいのは『おぼっちゃまくん』である。

アニメ『おぼっちゃまくん』の原作は小林よしのり先生のギャグ漫画で、一九八九年から一九九二年までテレビ朝日系で放送された。これが今、インドで再放送されて子どもたちに人気絶大なのだという。

これを受けて、おぼっちゃまくんブームのインドで何か新しいことができないかとの企画がもちあがり、私もそのプロジェクトに少し関わらせてもらっている。

『おぼっちゃまくん』がインドで人気の理由は、キャラクター設定と世界観にあるのではないかと思っている。

貧ぼっちゃまというサブキャラクターがある。元上流家庭だが今は没落し、幼いきょうだいたちだけでツリーハウスで身を寄せ合って暮らしている。家の中の蜘蛛の巣を「家具だ」と言って、その上に拾ってきた文具や本を置いている。衣服は生地代を節約するために前半分しか着けず、後ろはすっぽんぽんでお尻が丸出しだ。雑草を食べ、道を歩くときは落ちているゴミや食べ物を再利用できないかとアンテナを張る。それでも誇りは失わず、いつも毅然としていて、家族愛や友情に溢れている。生き抜く術を熟知し、十一歳ながらも逞しい。

逆に主人公の茶魔は、国連をも動かす世界的な大金持ち御坊家の一人息子で、大多数の従者を抱え、何不自由なく育ったお坊っちゃまである。下品でわがまま、卑しい性格だが、貧ぼっちゃまを心から尊敬していて、奇想天外な発想と行動力で友達のピンチを救う。情に厚く、弱い立場の人や動物を助けるためなら惜しみなく財力を使う。御坊家が茶魔のために使う金額は日本の防衛費のほぼ半分、茶魔の月々のお小遣いは千五百万円～二千万円。

そのハンパないスケールの貧富の差は、インドの階級社会を反映しているようだし、そんな貧富の差はあっても友情という固い絆で結ばれる登場人物たちが、インドの人々の心をつかんでいるのだろうと思う。


思い出すこと約三十数年前、インドを旅行したことがある。

インドの子どもたちの目がキラキラしていたのを覚えている。日本人が珍しいのか、私たちの乗ったバスに手を振ってきた。手を振り返したら、とても喜んで顔をくしゃくしゃにして笑った。バスが走り出すと、痩せた細長い手を振って追いかけながら見送ってくれた。

インドの旅ではさまざまな観光名所を巡りどれも素晴らしかったが、一番脳裏に焼き付いているのは、あの子どもたちの無垢な笑顔である。

インドの子どもの人口は四億人。その多くが貧困層だと聞く。その子どもたちの娯楽はダントツテレビなのだそうだ。日本の子どもたちの多くはもうテレビを観ない。ゲームか動画である。

以前、アパートの階段の踊り場で、ゲームをして遊んでいる子どもたちがいた。気になって声をかけた。

「雨はあがったよ。外で遊ばないの？」

子どもたちは言った。

「だって遊ぶところがないんだもん。公園の遊具は濡れているし」

どうやら雨の日の遊び方を知らないらしい。水たまりを蹴ったり、街路樹を揺らして雫をあびたり、泥遊びをしたり……今の子はやらないのかな。服を汚すと親に叱られるのかな。

だったらテレビ観ようよ！との叫びが喉まで出かかってやめた。


いったい誰のために書いているのだろうと気力が失せることがある。が、時代はもうワールドワイド、世界中の子どもたちのために書いているのである。私の書いた作品を、あのキラキラした目で観てくれているのかと思うと、温かいものが胸にこみあげてくる。

世界中の子どもたちに作品を届けられていることは、大いなる喜びなのである。

episoce 4　脚本家の地位は低い

日本が世界に誇るアニメーション作品。しかしその担い手の待遇はひどい。

ある転職サイトが発表した「きつい仕事ランキング」で、「工場勤務」や「介護福祉士」「コールセンター」などをおさえて堂々第一位に輝いたのは、アニメーターである。

某アニメ制作会社に寝泊まり部屋があるのを見たことがある。徹夜して作画を描くアニメーターさんが仮眠するための部屋である。しかもそこには幽霊が出るという噂がある。たしかにキツイ。

最近はなり手も減り、人手不足で作画を韓国やインドに発注することも多い。日本アニメの未来のためにも、アニメーターさんの待遇を改善してほしい。

アニメーターほどではないが、脚本家の地位もかなり低い。なんとかしてほしい。

「脚本家に払う金があったら、アニメーターに払ってあげたい」

とプロデューサーに言われ、脚本の二次使用料を要求できなかったことがある。

「甲乙（カプチル）」というワードが、近頃韓国メディアで盛んに取り上げられている。それは契約書に書かれる発注者（甲）と受注者（乙）からきており、優位に立つ「甲」が弱者の「乙」に不当な要求をすることをいうらしい。脚本家はだいたい「乙」の立場である。

P子時代は、契約書を交わして仕事することなどあまりなかったので、ギャラの未払いや、著作権を無視した扱いを受けたりしても、泣き寝入りする脚本家が多かった。

それが最近は、コンプライアンスが厳しくなり、契約書を交わすことが多くなった。

いいことだ〜と思って押印しようとして、「あれ？」と思ったことがある。

「著作権は甲に帰属する」「乙は甲に対し、本脚本の著作者人格権を行使しない」

そんな条項が、さりげなく記載されていた。しかも原稿を提出した後にこうした契約書を提示されることが多い。よく読まずに押印してしまう同業者も多いらしい。

本来、作品は、それを書いた人のものである。それを著作権という。他の人が勝手に作品に手を入れたり、作者に無断で作品を使って金儲けをしたりしてはいけないのである。

しかしその著作権を、「甲（発注者）に帰属する」とはなにごとか。

たまに「買取契約」という不平等な契約を結ぶことがある。この場合、著作権は「甲に譲渡する」となり、作品の改変や二次使用に乙（脚本家）は口出しできない。

自分の作品が、自分の知らない間に勝手に改変されて別物になり、それを自分の名前で放送されても文句は言えないということである。また、甲が自分の作品を勝手に売りさばいても、自分には一銭も入ってこないということでもある。

「著作者人格権」とは、作品を公表する権利と、作品を改変する権利と、作品に名前を表示する権利を言う。作者が持っていて当然な権利なのだが、これも買取契約の場合は放棄させられる。

自分の仕事に責任とプライドを持ってやっているつもりだ。自分の書いたものは自分そのものである。その証が著作権と著作者人格権だと思っている。

しかし、P子時代は仕事欲しさにこの不平等契約に判を押したこと複数回。フリーランスでやっている限り、相手を怒らせて仕事がキャンセルになったらどうしようとビビる気持ちが先立った。

それでも何度か、勇気を振り絞って甲と交渉したことがある。お金欲しさではなく、自分の仕事とプライドを守るためにである。結果、二通りの電話がかかってきた。

「契約書のことでグダグダ言う面倒くさい人とは仕事したくないんだよ」

と脅しのような電話。

「脚本家から異議申し立てされると、制作や販売がストップして、莫大な損失が出るんですよ。

会社の方針なのでどうにもできないんです」

と、泣きそうな声の電話。

こちらも制作側の事情はよくわかっているので、制作がストップするような異議を申し立てるつもりはない。

ただ、自分の書いたものに知らん顔でいるわけにもいかないので、脚本の大幅な改変が必要になったり二次使用の場合は声をかけてくださいね、とだけ言って、結局、信用取引で終わった。

契約書は形骸化している。


そもそも脚本家というのは、あまりお金に興味はないが承認欲求は人一倍あるという人種である。私は承認欲求も強いがお金にもうるさいという珍種である。

私の父は中小企業の経営者ということもあり、「保証人にはなるな」とか「実印はこうやって扱うのだ」とか、お金や契約書の話を幼い頃からよく聞かされて育った。そのせいか、お金への執着はけっこうある。

お金のことを言うと顔をしかめる人がいるが、プロとしてやっていく以上、お金は大事だと思う。OL時代とは違って、一本仕上げてなんぼの仕組みである以上、使った時間としぼり出した汗と涙に対する報酬はいただかねばなるまい。

Ｐ子時代はギャラがすずめの涙ほどでも、「私の原稿はその程度の価値なのだ。その程度のものしか書けないのが私の価値なのだ」と反省し、「もっと精進せねば」と自分の尻を叩いた。ところが精進した後も、安いギャラを提示されることがある。「その金額ではできません」と言ったら、その場でいきなりポーンと一万五千円も値上げしてくれたことがあった。

この経験から、いつまでも言い値で引き受けてちゃいけないのだと学び、仕事の依頼があるたびにギャラを確認し、仕事に費やす労力と見合わない金額であれば交渉してみることにした。

その結果、渋い顔をされたり、「金で動く」と言われたりした。

そういう時は、「やっぱり言わなきゃよかった。次からはもう仕事は来ないかも」と後悔した。

「こんな安い仕事はもう引き受けない」と言い切れるほどの度胸とステイタスが自分にはまだないのだなと思う。Ｐ子時代の貧乏くさい精神が、まだ私の中にはびこっているようだ。

他の脚本家さんたちにこの件について聞いてみた。

「ギャラの交渉とかどうされてます？」

私の聞いた限りでは、みなさん言い値で引き受けているらしい（もちろんそうでない方もいらっしゃるかもしれないが）。

ほとんどの方はライターズ事務所に所属されていて、ギャラ交渉を自分でやったことがないらしい。いくら振り込まれているのかもチェックしたことがないという人もいた。

私の知るところによると、事務所はおよそ[redacted]〜[redacted]割のマージンを取るらしい。私は事務所に所属していないので、マージンを取られる心配はないが、その代わりに仕事は自分で営業して取ってこなければならない。

事務所に所属していれば、いろんな仕事をとってきてくれるから「仕事がない」という恐怖からは解放される。しかし自分で取ってきた仕事なのにマージンを取られる契約のところもあるらしい。

事務所に所属しているにしろ、していないにしろ、とにかく脚本家は安く働かされすぎているのではないか？

世界的にヒットした海外のドラマで、四人の女性の恋と友情を描いた脚本家のギャラは、円換算で[redacted]億だという。その脚本家は、「友達の話を描いただけなのに、こんなに巨額なギャラをもらってストレスだ」と言って、頭に十円禿を作っていたらしい。

億とは言わずとも、日本の脚本家はもっと声を上げるべきではなかろうか。自分の仕事に誇りを持つべきだ。そしてそれ相応のギャラをもらうことを遠慮しなくていいのではないか。

誤解してほしくないが、お金のために脚本を書くと言っているのではない。脚本を書くということは身を削るということだ。十円禿を作るということだ。それでも書かずにはいられないというのが脚本家の仕事だ。でも好きな仕事をしているのだからお金はもらわなくていいということでもない。

これ以上、脚本家の割に合わないギャラの話をすると、なり手がいなくなるかもしれないので言っておく。

大金持ちにはなれないかもしれないが、それなりに仕事して十円禿を五つくらい作れば、普通の会社員のようにマンションを買ったり家を建てたりするくらいのことはできるみたいだから、安心したまえ。

こんな風に業界のことを赤裸々に語っても、私には一文の得にもならない。むしろ仕事を干される危機にさらされる。それでも書かずにはいられない。

これを読んでくれた同業者やシナリオライターの卵たち、同じような境遇に苦しんでいるクリエイターたちの励みになればという思いだけで書いている。

閑話休題② 忘れられないプロデューサー

脚本家生活二十[redacted]年の中で、印象深いプロデューサーがお二人いらっしゃる。

私の中では、ベスト・オブ・ザ・プロデューサー賞を授与したいお二人である。

プロットライターをしていた頃、たいていのプロデューサーは、新人ライターをゴミ扱いした。

徹夜して全身全霊込めて書いたプロットを、

「うーん、書き直して」

の一言で片づけるプロデューサー。

「こんなの小学生でも書ける！　おまえライターやめろ！」

と、今ならパワハラで訴えられそうなプロデューサー。

「ここがダメ、あそこがダメ」

と、代案もなく重箱の隅をつつくようにネチネチといじめるプロデューサー。

たいていの新人ライターは精神を病み、ここでリタイアしてしまう。

そんな中、フジテレビの有名プロデューサー[redacted]氏は違った。

「とてもよく書けてる。完璧に近いわ。でもね、あと少し、書き直して欲しいところがあるの」

なんてカッコよく、人をその気にさせるのだろう！

映画を何本見たとか、現場に何年いたとかよりも、旅行会社でOLをしていた経験を大事にしたほうがいいと言ってくれたのもその人だった。

もうお一人は、東映の[redacted]プロデューサー。

「このプロットが80点だとすると、これを120点にするにはどうすればいいかを一緒に考えましょう」

なんというジェントルマン！

自己肯定感最低になっていた当時のP子が、これらの言葉で俄然やる気を出して、実力百二十パーセントで書き直したことは言うまでもない。

お二人とも、とても気持ちよく仕事をさせていただけた。感謝である。

東映の[redacted]プロデューサーとは、その後も何度かプロットの仕事をさせていただいた。

しかしP子は、いつまでもプロットライターである自分に焦りを感じ始めていた。

ある日、青二才のP子は、

「もうプロットライターは嫌です！」

と言って、その人からの仕事のオファーを断ってしまった。

その人は困ったような声で、

「僕はあなたを買っているんです」

と言った。

でもP子はもうプロットライターを卒業したかった。それ以来、その人と仕事することはなくなった。


それから二十年後。

オリジナルドラマの企画書を一年がかりで作り、二十年ぶりにドラマのプロデューサーに連絡を取ろうとした際、「あなたを買っている」と言ってくれた東映の[redacted]プロデューサーを思い出した。

知り合いを通して、その人の現在の様子などを聞いてみた。なんと東映の社長になっていた。

さすがに、社長に直接企画書を送り付けるのは気が引ける。もっと早く連絡を取っておけばよかったと悔やまれた。

だが数カ月後、やっぱり連絡だけでも取ってみようと思った矢先、その人の訃報を聞いた。

もっと早く……。


お世話になったお礼も言ってなかった。あのとき、あの言葉にどれだけP子が救われたか、その感謝の気持ちも伝えたかった。

今はただ、ご冥福をお祈りするばかりである。


東映の[redacted]プロデューサーも、フジテレビの[redacted]プロデューサーも、人の上に立つ人は心根が違う。人を大事にする。愛がある。

そしてそんな素敵なプロデューサーと出会えたことは、今の私にとって、かけがえのないご縁だったと思う。あのお二人に出会えなかったら、私はとうにこの業界に失望し、去っていたであろう。

お二人の業績に敬意を払うともに、私ももっと頑張って、ご恩返しをしなくてはと思う今日この頃である。

第四章　現在の私の仕事とメンタル

プロローグ

この章では、現在の私の新しい悩みと、その克服法を語ろうと思う。

脚本家生活二十[redacted]年、相変わらず踏んだり蹴ったりの日々であるが、Ｐ子時代とは違う仕事への取り組み方ができるようになってきた。果たしてそれは……。

episode 1　プチウツの克服

寒い日が続く二月になると、必ず心が風邪を引いていた。プチウツというらしい。

趣味を仕事にしたから息抜きができない。たまに映画や美術館に行くが、それもつい仕事目線で観てしまう。

何も考えずに楽しめる時間と言えば、都心のおしゃれなお店へ行って一人ランチするときくらいか。しかし、財布の中身を見てみると、そうそう外食もしていられない。

友達も少ないし、そもそも休みの日が合わない。近所づきあいもない。

どんどんやる気が失せていく。出かけるのも億劫になってくる。人と話すのも億劫。

ウツは、脳がフリーズした状態だという。ますます動けなくなる。新しいアイデアも出ない。仕事も進まない。

すると老後のお金が心配になってくる。預貯金の残高を眺めて溜息をつく。かといって、働こうとか投資で増やそうとかいう気力もわかない。

そんな私を救ったのは、コロナ禍の自粛期間だった。

夫が毎日家にいるから、一緒に散歩へ行くようになった。ウイルス対策で掃除をこまめにするようになった。

こうして体が動くと脳も動き出した。

脳が動き出すと、少しずつ行動できるようになってきた。

フェイスブックを始めて、片っ端から友人知人を探しだし、オンライン飲み会をした。上京してからは旧い友人となかなか会う機会がなかったが、おかげで高校時代の友人グループや、大学時代のサークル仲間、劇団時代の仲間など、三十五年ぶりに交流をもった。

また、YouTubeの無料投資セミナーでお金の勉強を始め、NISAで積み立て投資を始めた。

さらに、新聞の折り込み広告で見つけたフラワーアレンジの教室にも通い始めた。そこで先生に「天才」と言われた。仕事では言われたことがないので気分よく続けている。

さらにさらに、学生時代にのめりこんでいた演劇をまたやりたいと思って検索し、インプロ（即興演劇）と出会い、教室に通い始めた。頭の回転が速くなり、アイデアが湧くようになった。

すると演劇台本を書きたいという衝動にかられ、書き始めた。ドラマの構想も浮かび、企画書を書き始めた。

インプロの意外な効果を実感したので、世の中の人にもインプロを広めたいと思い、『ネタが浮かばない人のための発想法とメンタル強化講座』というインプロを取り入れた特別講座を企画して、シナリオ・センターでやらせて欲しいとお願いしたら、快諾してもらえた。講義は満席で大好評だった（インプロについては後述する）。

この経験が、やればできるという自信になって、この本を出版しようと思いついた。

出版の知識はゼロだったので、YouTube の無料セミナーで出版企画書の書き方を学んで自分で書いて営業した。

紀伊國屋書店へ行って同様のジャンルを扱っていそうな出版社をリストアップし、片っ端から企画書を送付した。ほとんどの出版社は直木賞作家かインフルエンサーしか持ち込み原稿は受け付けないと言われたが、あきらめなかった。そうして今がある。

行動すると必ず何かが起こるものだ。

環境を変える。すると少しずつやる気が出てくる。体を動かす。するとアイデアがわくようになる。毎日の散歩が、私の運命を変えた。

それからプチウツになったことは一度もない。

episode 2　そして誰もいなくなった

私の本当に書きたいものは何だろう。

デビュー前は、溢れんばかりのアイデアと書きたいものがあり、キーボードを打つ手の速さにパソコンが追い付かなかった。

それがプロになってからは、自分の書きたいものを自由に書くことを封印せざるをえなかった。しばらくの間、ドラマ界はオリジナルより原作ものが主流になっていたから、テーマもモチーフもキャラクターもはじめから与えられたものだし、アニメ界においては、それ以上に原作が絶対である。脚本家の自由など二の次だ。

それでもそれなりに、与えられた世界観の中で楽しくやってきたのだけど、気付いたら「自分の書きたいもの」が何なのかわからなくなっていた。

書きたいものがないまま、気付いたら二十[redacted]年。記憶力や頭の回転は元々悪いがもっと衰えてきて、『脳が老化しない人がやっていること』とか『うまいこと老いる生き方』などという本を読むようになってきた。

いかん。ドラマを書くなら早くせねば。今から書いてもこの脳みそじゃ、あと十五年くらいしか書けないぞ。

そんな私を変えたのは、やはりコロナ禍だった。家で過ごすことが多くなり、自分の仕事や本来やりたかったことなどについて、じっくり考えてみた。

以前から、子どもたちにシナリオや演劇を教える仕事をしたいと思っていたが、丁度シナリオ・センターで子どもたちのためのシナリオ教室『考える部屋』をオンラインで開講するというので、そこに関わらせてもらうことにした。

子どもたちとの交流は楽しく刺激的。私は一気に若返った。すると、枯渇していたアイデアが次々と出てくるようになったのだ！

「あら！　私まだ大丈夫かも！　書けるかも！」

喪失していた自信を取り戻すと、みるみる書きたいテーマが湧いてきた！

「よし！　オリジナルドラマにチャレンジするぞ！」

一年かけて自作ドラマの企画書を書いたのである！

しかしドラマのプロデューサーなんてもう二十年はお目にかかっていない。

机の引き出しの奥のほうにしまってあった名刺ファイルを引っ張り出す。新人の頃にお世話になったプロデューサーの名刺、少し黄ばんでいる。

片っ端からその名刺のアドレスにメールを送る。

「私のこと覚えていらっしゃいますでしょうか」

から始まる営業文。恥を忍んで書いた。

一カ月後、誰からも返信はなかった。

「お忙しいところ恐縮ですが、企画書は届いておりますでしょうか?」

もう一度メールを送る。二十年前、同じことをやった記憶がある。

テレビ局のプロデューサーというのは殺人的に忙しいので、緊急でない限りメールの返信がすぐに来ることはない。今の私ならそれを知っているので、気持ち的にまだ余裕あり。

一週間後、ようやく返信が来る。皆さん好意的で親切な文面である。これは、一応プロとして仕事をしている脚本家(私のことよ)への最低限の礼儀なのだろう。二十年前の対応とは随分違うものだ。

「田嶋さん、返事が遅くなって申し訳ありません。ただいま、新作ドラマの企画を三本掛け持ちしておりまして……」

それはそれはお忙しいでしょう。返事が遅くなるのも当然でしょう、とニコニコ顔で読む私（ここはプロの脚本家気取り）。

「企画書、拝読いたしました。面白かったです」

エッ⁉　ホント⁉　やった！

「しかしながら弊社では実現できる枠がありません」

枠がない、予算がかかる、この文言でほとんどのプロデューサーから断られてしまった。

そのうえ、偶然、韓国ドラマに同じようなモチーフで大ヒット作があることを知った。それじゃあ私の企画は、二番煎じになってしまうではないか！

落ち込んだ。でも、P子時代から少しは成長しているので、その後の展開は違った。

ヒットした前例があるということは、私の企画もヒットする可能性があるんじゃね？

ということは、TV局を説得しやすいんじゃね？

と、ポジティブに考え、別の韓国ドラマ好きのプロデューサーにアタックした。

この作戦はうまくいき、

「非常に面白いです。これは是非やりましょう。一度お会いして……」

バンザーイ！　頭の中ではもう映画化されて大ヒットして国際映画祭のレッドカーペットを歩

いていた。

しかしその後、そのプロデューサーからの音信はなく、お会いすることもないまま一カ月。

私からお伺いのメールをしたら返信が来た。

「この企画は予算がかかりすぎるのでバックアップできないことになりました」

なんですと⁉　レッドカーペットですっ転ぶ私。

そのショックは、全速力でバス停まで走ったのに目の前でバスのドアが閉められた時のような。


そして、頼るべきプロデューサーは誰もいなくなった。


じつはドラマの企画は「センミツ（千三つ）」と言って、千本に三本通るかどうかの厳しい世界なのだ。

一年かけて書いた渾身の企画は報われなかった。二十年積み上げてきたものを込めて書いたが駄目だった。他にも何本か書いたが全部駄目だった。私はもう、バスに乗れないのだなと落ち込んだ。

重ねてプライベートでもいろいろあって、私は救いを求めるように、あらゆる本を読みあさった。メンタル本、心理学、精神医学、仏教、脳科学、成功哲学、ビジネス書etc……。

そこであることに気がついた。ジャンルの違うこれらの本に、共通して書かれてある重要な『思考』があった。

それは『感謝』である。

おいおい、そんなキレイな話でまとめるつもりか？とお思いになった読者の皆さん。私もはじめはそう思った。でも感謝の力はすごかった。

落ち込んでいるときに感謝の気持ちなんてなかなか持てないかもしれない。でも感謝するということは、つまり現状を受け入れ、客観視し、プラス面に意識を向けるということだ。

私は感謝できることを一生懸命探してみた。

結果はどうであれチャレンジできたことに感謝。忙しい中、私の企画を検討してもらえたことに感謝。自分の行動力に感謝……。

仕事のことだけじゃなく、毎日の小さな出来事にも感謝した。無事に朝を迎えられて感謝。おいしいご飯が食べられて感謝。気持ちの良いお布団で寝られて感謝……。

そうすると、目線がやや上がる。すると毎日の小さなことに喜びを感じるようになった。毎日水やりしていた花が咲いた。夕飯をおいしく作れた。近所の人に笑顔で挨拶できたとか、ほんの小さなこと。

それを日記に書く。今日できたこと、良かったことを三つ書く。すると小さな達成感を覚えるようになった。

感謝、そして達成感。

それを続けていると、徐々に自己肯定感があがり、自信を取り戻すことができた。

ドラマの企画がボッったことは、「ボッった」ことに意識をフォーカスするとネガティブな出来事だが、「面白い」と言ってもらえたことにフォーカスすれば次の道が開ける。もっといい条件で実現するに違いない。そう思えるようになった。

次のバスを待てばいいのだ。

自分の書くものに自信がある。その気持ちがあれば何度でも立ち直れることを知っている。

あきらめないこと。

それは夢をかなえるための強力な武器である。

あきらめないことは、未来の私へのプレゼントなのだ。

episode 3　新しい展開

加齢とともに頭の回転が鈍くなり、三十代の頃のように直感や勢いで物語を書けなくなってきた。加えて物忘れが激しくなった。いいアイデアを思いついて、あとで書こうと思っていても、いざ机に向かうと思い出せない。こんなに素晴らしいアイデアだから絶対に忘れないと思っていても忘れる。だから家中にメモ帳を置き、ポケットにもメモ帳を入れて持ち歩いている。

明らかに「老い」を感じる。

この調子だと、あと何年シナリオライターができるだろうか。もはや気持ちは引退モードに。

そうなると、走馬灯のようにこれまでお世話になった方々の顔が思い浮かんだ。

私を「シナリオライター」という肩書にしてくれたのは、アニメ『あたしンち』でご一緒した、やすみ哲夫監督である。やすみ監督には、その後もいろんな仕事をご紹介いただき、勉強させてもらった。そのお陰で、私は今こうしてこの業界にいさせてもらっている。地獄でもがいていた私に、天国から糸を垂らしてくれた仏様のような存在なのである。

だけど私は、感謝の気持ちを監督にちゃんと伝えたことがあっただろうか。

無性にお礼を言いたくなった。なんだかもう命が尽きる間際のような心境で、ただただお礼を言いたかった。

数年ぶりにメールを出したら、お返事が来た。そしてその数カ月後、新しいアニメのお仕事をご紹介くださった。

実に六年ぶりの新しい仕事である。

さらに『あたしンち』YouTube公式チャンネルの、登録者数百万人突破記念新作アニメの脚本も全話任せてくださった。

仕事をくださいなんて一言も言ってないし、もちろん一ミリも考えてはいなかった。だって引退モードだったし。だけどこうしてまた、声をかけていただいたのはとても嬉しかった。

感謝してもしきれない。

この仕事は結局、人のつながりがとても大事なんだとあらためて思った。

さらにさらに、サボりがちだった『ちびまる子ちゃん』の仕事も、尻を叩かれるかのように新しい原稿の催促（新しいネタの催促）が来た。

どうしたんだ私。老いてる場合ではない！

急に三本の仕事を掛け持ちするという、売れっ子ライターみたいになってしまった。

でも若い頃のように徹夜はできない。規則正しい生活リズムを保ちながら締め切りを守るという仕事の仕方は、熟練の域に達した。仕事があることに感謝し、今日書けたことを褒め、家事は手を抜き、朝から晩まで原稿を書いたが、睡眠はしっかりとった。

三本掛け持ちしてみて発見したことがある。

それは、一本がうまくいかなくても、さほど落ち込まなくなったということだ。他の二本が順調なら気分も悪くない。「これしかないの！」的な一途な状態に陥ると、それがダメな時は逃げ場がなく精神を病む。

仕事でなくてもいい。趣味や、他のコミュニティで別の才能を発揮できていれば、たかがシナリオ一本書けなくても生きていけるという気持ちになる。

P子時代はそれがなかった。まったく余裕がなかった。今は余裕だ。これが年を取るということか？

心に余裕があると、不思議と体力もつき、風邪ひとつ引かなくなった。仕事は楽しい。

楽しいと次々とアイデアが湧く。アイデアが浮かぶと書くのが楽しい。楽しいとまたアイデアが湧く……の、ベリーハッピーなスパイラルにのっかった。

三つの仕事を終え、温泉で一人打ち上げをしようと旅に出た。旅館のふかふかのお布団に横たわった途端、左半身激痛に襲われた。激痛は一カ月続いた。ストレスで免疫力が下がると発症するという、帯状疱疹だった。自分ではストレスなど一ミリも感じていないつもりだったから驚いた。

老いをあなどるな。

episode 4　心臓に毛が生えた

帯状疱疹の原因に心当たりはなかった。掛け持ちした三本の仕事はどれも楽しかった。しいて言えば、新しいアニメの仕事には若干難儀した。それが原因の一つだったか？

それは、過去にヒットしたナンセンスギャグアニメの新シリーズで、オリジナル脚本全五十四本を九人の脚本家で書くことになっていた。

『ドラえもん』や『クレヨンしんちゃん』を手掛ける、そうそうたるメンバーの中に、一人まぎれ込んだ私は案の定、出遅れた。

　他の脚本家さんたちは次々とネタ案を通し、プロットを書き上げ、シナリオに進んでいる。一方、私はネタ案を書けども書けども採用されない。ついに「一旦休む？」と肩を叩かれた。

『ちびまる子ちゃん』の世界観で二十年書いてきた私は、その対極にあると言っても過言ではないナンセンスギャグアニメの下ネタ満載な世界を、なかなかつかめないでいた。

『ちびまる子ちゃん』は夕食時のオンエアということもあり、下ネタはＮＧ、せいぜいオナラがぎりぎりの線であるが、そのアニメは下ネタオンパレード。便器、ウ[redacted]チ、チ[redacted]コなどの、男の子が喜びそうなギャグがこれでもかと出てくる。脳のこれまで使わなかった分野をフル回転する羽目になった。

作品自体は大好きで、観ると大笑いするのだが、いざ自分が書くとなると書けない。

もはやこれまでか……と、ＺＯＯＭを退出しようとしたそのとき、奇跡は起こった。

「これ面白いね、これ膨らまそうか」

と、監督が言った。二十本提出したネタ案の一本が、監督の目に留まったようだった。

それは主人公が雷に感電して自ら発電するようになるというナンセンスな話だった。

首の皮一枚つながったのである。

よし！　やるぞ！と、寝ても覚めてもナンセンスギャグを考え、普段の会話もナンセンスになり始めた頃、やっと一本のプロットを完成させることができた。しか～し！

そのネタは、過去に放送された中の一話と同じような内容、つまり、かぶっていたのである。

それは主人公が電気ウナギに感電して自ら発電するようになるという話だった。

監督もプロデューサーも、すっかり忘れていたらしい。

首の皮一枚……またブラ～んと。

「運がない」と、昔のＰ子なら嘆き悲しんだであろう。しかし年の功、今の私は違う。

どん底に叩き落されても這い上がる、最強の武器を手に入れているのである。それは、

『ポジティブシンキング！』

早めにわかって良かったよ。シナリオにしてからじゃ時間の浪費だもんね。それに、実際に放送済みのものと話がかぶってるってことはさ、私、放送レベルのものを書けるようになってきたということでしょ。世界観を摑んだってことでしょ！

ナンセンスギャグを完全制覇したかのような自信を、私はそのとき持ったのである！

しかもプロデューサーは、過去の放送分とかぶっていることに気付かなかったのは自分の責任だと言って詫び、代わりにまた新しいネタを出してくださいと言ってくれた。

やる気復活の私は新たに三本のネタを出し、そのうち二本が採用され、無事にシナリオ決定稿を出すことができたのである。

あのときネガティブになっていたら、書く気力は失われ、そこで終わっていたであろう。

ポジティブに考えたからこそ次の行動ができて道が開けたのである。

若さでV字回復できる時代は終わった。その代わり、私の心臓には毛が生えている。もうフサフサである。ボツっても、発想の転換でポジティブシンキングなのである。

だが、このあとまた、大転換が起こることになるのである……。

episode 5　ポジティブ修行

「一旦ここまでで田嶋さんは休んでください。ありがとうございました。また声を掛けます」

シナリオを二本仕上げた後のこの言葉。エッ⁉　まさかクビ⁉　なぜ⁉

プロになってからも、仕事を降りたり降ろされたりという話は普通にある。

賢いシナリオライターは、

「あ、これ私にはムリかも！」

と思ったら、サッサと降りて次の仕事へ向かう。だが私は長く仕事のない時期があったので、自分から仕事を降りるなんて、もったいなくてできない。

いや、そもそもムリかもとは思っていなかった。ナンセンスギャグアニメの仕事は苦戦しつつも、できるところまでやってみようと前向きに取り組んだつもりだった。しかしアイデア出しでもたついたのは確かだ。

仕事を降ろされたとなると、やっぱりモヤモヤする。P子時代なら、そのモヤモヤで一本エッセイを書いていたことだろう。

しかし今の私は違う。モヤモヤをいつまでも抱え込まず、一刻も早く次の仕事に向かえるように、起きた出来事を肯定的にとらえるよう努力した。

まず、「仕事を降ろされた」に気持ちをフォーカスすると、どんどんネガティブ世界に囚われてしまうから、「仕事から解放された」と言葉を肯定的に置き換えた。

脳科学の本によると、脳は放っておくと、どんどんネガティブな思考に偏っていくらしい。だから意識的にポジティブに考えるようにするのだ。

「また声を掛けます」と言われた社交辞令を本気にし、最後まで仕事を投げ出さずに頑張った自分を褒めた。

そして何より仕上げた二本の作品に自信を持った。たった二本でも、世界中の子どもたちに届けることができるということを喜ぼう。

とにかく自己肯定感をあげ、プラスのことに意識をフォーカスして、次に何ができるかを考えてみる。そうすれば前に進める気がしてくる。

失敗に点数をつける（『マイナス思考からすぐに抜け出す9つの習慣』古川武士著）というのも試してみた。

今回の経験は何点だったか。40点だとすればその40点の内容は？　必死に原作の世界観を会得しようと頑張った。あきらめずにアイデアを考え続けた。実際に数本書けた、など。そして残りの60点はどうすればよかったのかを考える。反省点ではなく改善点を。もっと早くに原作を読みこんだり、過去の放送分を全話見て勉強すればよかった、など。そしてもう一度同じことをやるとしたら、何点くらいを目指せるか考えてみるのだ。

こうやって点数化すると、冷静になって自分や物事を客観的に見られるようになり、いつまでもメランコリックになっている自分を止められた。

そしてクヨクヨしている暇があったら、今回の改善点を分析して次に生かす努力をしようと思えるようになった。

こうして一週間後、私は毛の生えた心臓で、仕事が一本クビになったくらいでは死なない女になっていた。

どんな状況でも肯定的に捉えると、それは失敗ではなくなる。失敗ではないのだから、トライアンドエラーは怖くない。どんどんチャレンジすればいい。チャレンジすればするほど、成功の確率は高まっていく。

ポジティブでいれば、何事も肯定的に捉えるので幸せ気分でいられる。いつも上機嫌でいると、その波動は周囲に影響を及ぼし、いいことが引き寄せられてくる。

事実、このあと三つの良い出来事が起こったのである。

一つめは、私はクビになったわけではないことが判明した。

私がアイデア出しでもたついてプロットを何度も書き直している間に、他のライターさんたちが提出したプロットで予定本数に達したため新たなプロットが必要なくなり、「ここまでで休んでください」となったのだった。

私はこの言葉を「クビになった」とネガティブにとらえ、無駄にモヤモヤしていたのだ。実はこの言葉の続きには、「第二弾の制作が決まったらまた声をかけます」とあったのだが、すっかり忘れていた。

昔からこういうところがある。元来マイナス思考の私は、勝手に悲劇的な妄想をして、勝手にネガティブになり、もう駄目だと騒ぎ立てる。やれやれ。

でもお陰で、ネガティブから立ち直る方法を編み出せた。今後、ほんとうに仕事がクビになっても大丈夫だ（ポジティブ！）。

二つめは、二十年ぶりに連絡を取ったドラマプロデューサーから連絡があり、大手配信会社のオリジナルドラマのオファーがあった。

三つめは、なかなか連絡のつかなかったプロデューサーと連絡がつき、お蔵入りしそうだったオリジナルドラマの企画書を読んでもらえることになった。

なんと、次のバスが来たのだ！

今度は乗れそうだ。

声「やりましたね！私！」

ん？　Ｐ子の声？（きょろきょろする私）　いや、未来の私の声かも。

エピローグ

プロになってからも自信を喪失し、あたふたとしている毎日であるが、今こうして好きな仕事ができていることに感謝である。脚本家生活二十[redacted]年。今、とても楽しい。タイムトラベルしてP子に教えてあげたい。

楽しく仕事ができているわけは、結果よりも目標を達成するまでのプロセスを楽しむようにしたからである。『試練』は『課題』、そして『挑戦』だと思うようにした。

結果に満足できなければ、また挑戦すればいいだけのハナシだ。

たくさんの人を元気づけたい、明日からまた頑張ろうと思ってもらえるような、生きる力になるドラマを創りたい。ドラマで世界中の人を幸せにしたい、そう本気で思っている。

そして何かの選択に迷ったとき、そのことを思い出す。目の前のことに必死になりすぎて、大事な人生の目標を忘れないようにしたい。

P子よ、プロになれるかどうかではなく、なるためにはどうすればいいかを考えるんだよ。

私の背後にP子が現れる。

P子「お言葉ですが」

私「わッP子！　どうやってここへ⁉」

P子「布団に入って眠ったら未来の夢を見ました。うなされて起きたら……」

私「ちょうどよかった、あんたに言いたいことが」

P子「全部聞こえてました。お言葉ですが、あたしは、迷ったり不安になったりしても、結局最後には、どうしたら前に進めるかを考えて行動してきました。あたしにとってシナリオライターになることは、夢ではなくて目標です。だから、絶対にあきらめません」

私「そうね、そうだった。だからP子はプロになれたんだね」

P子、私を見つめる。

P子「未来のあたし、ありがとう。プロになってくれて」

私「え？」

P子、熱いまなざしを向け、消えていく。

P子は過去に戻って目覚めたら、私のことは夢だったと思うのだろうか。

もし私の声が聞こえるなら、まだ言いたいことがある。

その眉間の皺をとりなさい。

過去の失敗にいつまでもクヨクヨしたり、この先どうなるかと心配したりする心は手放しなさい。そして、ただひたすらに今できることに没頭しなさい。それはもう禅のように、あらゆる心の揺れを手放して、「今ここ」に集中して書きなさい。

私が知っている一流のプロの人たちに共通していることがある。それは、みんな楽しそうに仕事をしているということ。

夢＝目標は必ず達成すると心に決め、ゴールに至るまでのプロセスを楽しみなさい。

苦しんでいる自分もカワイイじゃないか。頑張ってる自分も愛しい！　そう思って、笑う！

仕事も自分も好きの気持ち１００パー全開で、周りの人たちまで楽しい気持ちにさせる。

それがプロになる一番の秘訣なのかもしれないと、私は思っている。

ファイトだよＰ子！

あなたの未来の私より。

閑話休題③　演劇とインプロ

「人間を好きでないと脚本は書けない」

と、シナリオ学校の先生が言った。シナリオ学校に入学していきなりそんなことを言われ、私の頭はパニくった。

人間なんて大嫌いだった。自然を破壊したり、虫や動物を平気で殺したりいじめたり、ろくなことしないじゃないか！と、子どもの頃からそう思っていた。

中学でいじめに遭った。昨日まで仲良しだと思っていた友人が、急に口をきいてくれなくなった。一番ショックだったのは、他の友人たちがそ知らぬ顔をしたことだった。以来、人間不信に陥った。

こんな人間嫌いの私が、なぜ脚本を書けるようになったのか？　考えてみて思い当たるふしがあるのでお話ししよう。

大学時代、演劇にハマった。演劇人には、じつにさまざまなタイプの人間がいた。

だいたいは学問より芝居を優先し、留年は当たり前で大学八回生の人とかもいた。大学生のはずなのにオジサンみたいな人がわんさかいて、女性はみな煙草と酒を浴びるように飲んでいた。六年間の女子校生活を経ていきなりそういう世界に飛び込んだチョー真面目人間としては、けっこうなカルチャーショックだった。でもみんな、本当に芝居が好きで、一生懸命芝居に打ち込んでいた。そして、とても心が優しかった。

そこで人間を好きになったというわけではないが、この人もあの人も、その人なりに一生懸命生きているのだなあと、人間を温かい目で見られるようになった。昔、私をいじめた人たちにも親や恋人がいるだろう。あんな性悪な人でも、その人を愛している人がいるのだなあと思えるようになった。

演劇と出会えたことでいろんな人と交流できた。人と交わることはとても幸せだった。人を幸せにするのは結局人なのだと思えるようになった。

演劇をしていなかったら、私は脚本家になれなかったかもしれないし、だいたい、今こうして生きていないかもしれない。

社会人になって演劇をやめてしまったが、ずっと演劇に対する愛は、心のどこかにくすぶり続けていた。

脚本がようやく生業になり始めたころ、仕事以外の何かをやりたくなった。

そうだ！　演劇やろう！

しかし一つの芝居を実現するのに、どれだけの稽古時間と予算がかかるかを考えると、仕事をしながらやるのはハードルが高いと思われた。

私のパッションは冷え、そのまま数年の月日が流れた。

そんなある日、新聞で、子どもたちに「インプロ」を教えているという団体の記事を発見した。

「インプロ」ってなに？　初めて聞く言葉だった。調べてみると、「即興演劇」らしい。「演劇」というワードに惹かれ、その団体のことをネットで調べてみた。その団体の所在地が遠方だったので通うのはあきらめたが、「インプロ」に興味がわいた。

即興なら台本がいらない。だからセリフを覚える必要がない。ということは稽古時間もそんなにいらない。舞台装置や衣装もいらないから予算もかからない。

そうだ！　インプロやろう！

都内でインプロができるところを探し、体験会に参加した。ハマった。

いきなり即興演劇をするわけではなく、まずはさまざまなインプロゲームを通して、他者とのコミュニケーションを培うところから始める。ゲームには発想力を広げるゲームや、自発性や行動力を培うゲーム、そして他者を受け入れ、お互いにインスパイアしあいながらストーリーを生み出していくゲームなど、三百種以上のゲームがあるという。

教室は常に笑い声が絶えず、初対面の人ともすぐに仲良くなれた。

何度か通ううち、「恥ずかしい」とか「バカと思われるかな」とか「もっと面白いこと言わなくちゃ」とかの、自分で自分にかけていた呪縛から解放されるのがわかった。

ここで少し「インプロ」について説明したい。「インプロ」とは「improvisation（即興）」の略である。台本がなく、役者（プレイヤーという）同士が舞台上でお互いのアイデアを受け入れあいインスパイアしあいながら即興でストーリーを生み出していく演劇である。

欧米ではインプロ専用劇場があり、海外では広く知られているようだ。

また、インプロでの学び（自発性、自己表現力、行動力、共感力、多様性の理解などが培われたと著者は実感している）は、一般の人にも役立つのでは？　ということで、教育現場や企業研修にも取り入れられている。グーグルやネットフリックス、ティファニーでも活用されているらしい。

インプロを学ぶうえで重要な精神として、「イエスアンド」という考え方がある。即興で出てきた他者のアイデアを否定しない。「YES」と受け入れ「BUT」ではなく「AND」で他者のアイデアを生かして第三のアイデアを生み出すということ。つまりそれは自分のアイデアも否定されないということ。決して否定されないという安心感があるので、自由に自己表現できる。これが気持ちいいのだ。仕事では否定されてばかりだから、委縮してしまいスランプの原因になったりする。

「大人は委縮した子ども」

これは、イギリスのインプロの父と呼ばれるキース・ジョンストン氏の言葉。大人は本来即興であった。子どもの頃のおままごとや、謎のダンス、妄想ストーリー。それが大人になるにつれ評価や失敗を恐れるようになり、即興できなくなる。大人の頭の中には「検閲官」がいて、自分らしい自由な発想を外に出すことを制止しているのだと。

また、自己表現だけでなく、他者が自己表現できるようサポートすることも学ぶ。

この「イエスアンド」精神は、人生を生き抜くうえでも大切な考え方だと思った。自分にも「イエスアンド」し、他者にも「イエスアンド」する。さすれば自殺者はいなくなり、戦争はなくなるのではなかろうか。

そして即興に欠かせないのは、「挑戦する」という勇気である。これも人生には欠かせないように思う。子どもの頃、みんなそれぞれ夢があった。だけど、みんなが夢を叶えたわけじゃない。同じくらい努力して同じくらい力があるのに、プロになる人とそうでない人がいる。何が違うのだろう？　考えた結果、こう思った。それは挑戦したか、しなかったか。そしてあきらめたか、あきらめなかったか。

夢を追うすべての人におすすめしたい、インプロである。

都内にはいくつかのインプロ教室がある。だが、中にはインプロ精神を理解することなく、ゲームの面白さだけを取り上げて教えているところがある。残念ながら、そういうところに参加すると、「仲間と合わない」とか「自分には向いていない」などと失望しかねない。

私が中でも信頼を寄せているインプロファシリテーター（講師）を簡単にご紹介しよう。

いずれもインプロ精神を深く理解し、ゲームだけでなく生き方のヒントもくれるような、素晴らしい体験ができる。

参加する人は様々で、子どもから八十歳代の高齢者まで、職業もＩＴ関連や、福祉・教育関連、アーティスト、コメディアン、靴職人などなど、普段知り合えないような人と知り合えるのも楽しい。創作のヒントになること間違いなしなのだ。

株式会社インプロジャパン（池上奈生美・峰松佳代）

秋葉原にスタジオを持ち、体験ワークショップの他レギュラーコースも。ホームページあり。

インプロアカデミー（内海隆雄）

目黒や三田で体験ワークショップを定期的に開催。ホームページあり。

絹川友梨インプロワークショップ

桜美林大学芸術文化学群助教、玉川大学・岐阜医療科学大学非常勤講師。認知科学の視点から即興演劇の研究を行なっている。著書も多数。体験ワークショップを不定期開催。初心者からプロまで学ぶ人は多い。関西方面で開催されることもある。

第五章　強いメンタルを保つために

脚本家の多くは個人事業主。つまりフリーランス。フリーランスでやるということは、自分で自分を守るということだ。メンタルを鍛えておくことは重要だ。

たとえば失敗しても、慰めてくれる同僚や先輩がいるわけではない。仕事のノウハウだって誰も教えてくれない。自分で実験（行動）と失敗を繰り返すしかない。しかも、時にその失敗は命取りになることもある。選択は自分の一存で決めなくてはならない。時限爆弾を止めるのに、赤か青かどちらのリードを切断するか、誰かに託すことはできず、自分の手で切らねばならない。

メンタルを強くするメンタルトレーニングは、宇宙飛行士の訓練から始まったという。ボタン一つ押し間違えたら死に直結する彼らの仕事は、強いメンタルなしには務まらない。それがやがて、オリンピック選手が試合で勝つための重要なメソッドとして発展したという。

私は、シナリオライターにもメンタルトレーニングが必要だと考えている。

業界の魑魅魍魎たちと渡り合い、常に締め切りに追われる日々を過ごし、せっかく書いた原稿を何度も書き直しさせられる苦行に耐えなければならない。プロデューサーと原作者の間に挟まれ、うまくいかないと脚本家の腕が悪いと言われ、ＳＮＳで「クソ脚本」と批判される。メンタルが強くないと気が狂いそうだ。

そこで私は、『ネタが浮かばない人のための発想法とメンタル強化講座』というセミナーを開催している。お陰様で好評を博し、実際に効果があってかやる気を出し、仕事をゲットした受講生もいる。

このセミナーでは、P子のように、なかなか結果が出ずに焦っている人や、挫折してメンタルが弱っている人のために、その回復法を紹介している。座学だけでなく、インプロゲームを活用して体を動かしリラックスすることで脳を活性化させ、発想力を発揮するメソッドをいくつか実践する。自己肯定感をあげ、やる気をアップさせる目的もある。

自己肯定感の高い人とは、偉そうで自信過剰な人という誤解があるがそうではない。『あるがままの自分でオッケーと思える感覚』、つまり、失敗した自分も怠惰な自分も許し、受け入れることができるという状態にある人のことを言う。

自己肯定感が高い状態だとやる気が出て、積極的に行動できるようになる。そうなると楽しい。楽しいとアイデアが浮かぶ。アイデアというのは机の前でウンウンうなって出すものではない。リラックスして楽しい気持ちでいるほうがアイデアが浮かぶというのは認知科学で証明されている。私はお風呂に入ってるときによくアイデアが出る。アイデアが浮かぶと楽しく書ける→自信がつく→アイデアが浮かぶ→書けるという、ベリーハッピーなスパイラルにのっかるのである。

しかし自己肯定感が低い状態だと、自信がなくなり創作が楽しくなくなってくる。あれだけ好きだったシナリオ創作が苦しくなってくる。苦しいとアイデアが浮かばなくなる→書けない→自信をなくす→ますます創作が苦しい→アイデアが浮かばない→書けない……という、負のスパイラルに陥るのである。

それではここに、脳科学や認知科学や心理学や精神医学、成功哲学にスピリチュアルなど、あらゆる知識から私が実践してメンタル強化に効果があった（じぶん比）と思われるものをサクッと紹介しよう。セミナーに参加した気分で聞いてくださいな。

【実録！　私の自己肯定感を高めた8の方法】

①　しっかり食べる

②　しっかり寝る

③　散歩

エッ!?　そんなこと!?と脱力した皆さん、まあ話を聞いてください。『健康な精神は健康な体に宿る』とは本当です。まずは体作りをしっかりして土台を固める。特にたんぱく質の摂取がおススメ。鶏むね肉がいい。あとビタミンB12も重要。豚肉ですね。不足すると、私はアイデアが浮かばなくなる。黒にんにくは疲労回復とやる気を出すときに効果てきめん！

睡眠は言わずもがなですね。寝不足だと精神を病む。

『人間、寝ることと食べること、この二つができてりゃ大丈夫』

誰の言葉だったか忘れましたが、私の座右の銘です。いろいろと悩みごとは尽きませんが、とりあえずこの二つがきちんとできていれば精神を病むことはないでしょう。

散歩はチョーおススメです。脳科学の本（脳の名医が教えるすごい自己肯定感 by 加藤俊徳）に書いてありましたが、散歩は脳の完全栄養食なんだって！　体を動かしながら景色を見、風の音や鳥の声を聴き、車に気を付け、道順を思い出す。五感などの脳のあらゆる分野を活性化させ、うつ病予防や認知症予防にもなるらしい。実際、アイデアがひらめくことも多いです。血行が良くなるとアイデアが湧くというから（認知科学）、散歩による適度な運動は理にかなっているのでしょう。ずっと座りっぱなしでご飯も食べず、睡眠も削って書いていたP子時代は間違いだらけでした。

さて、体作りができたら、次は心作りです。

④ 複数のコミュニティを持つ
⑤ 小さな成功体験を積み重ねる
⑥ 他人と比べない
⑦ 肯定語を使う
⑧ 鏡の自分に語る

『複数のコミュニティを持つ』というのは、居場所や逃げ場所を作るということです。仕事以外に家庭や趣味のサークル、近所づきあいや旧友との交流など。仕事がうまくいかなくても、他のコミュニティで頼りにされたり才能を開花したりできると、自信を失わなくてすみます。

また、いろんな人とコミュニケーションできると、いろんな考え方を取り入れられ、自分の考え方も柔軟になる。絶対ダメだと思っていたことが、他人の話を聞いて、案外大丈夫なんだ〜と肩の力が抜けることもあります。

そしていろんな情報も入ってきます。それは自分の視野を広め、創作活動の糧になります。

『小さな成功体験を積み重ねる』は、成功者の体験談などにもよく出てくる方法ですし、私自身、最も効果を感じた方法です。やり方はまず、大きな目標を達成するために、どういうステップを踏んでいけばいいかを考え、クリアしやすい小さな目標を複数用意します。注意することは「自分が～する」と主語が自分であること。たとえば「コンクールに入賞する」は運や他人の評価が入るので、達成されなかったときに落ち込むからNGです。この場合は、「最後まで書く」とか「少なくとも二本のコンクールに応募する」などと書きます。できるだけ達成しやすい小さな目標をたくさん用意したほうがいいです。そして達成できそうな課題から取り組むのです。

それも難しいと感じたら、仕事とは関係ない「御飯を美味しく作る」とか「掃除する」とか「駅の階段を上まで登りきる」などから始めてもいい。「前から行きたかったお店に行ってみる」とかでもオッケー。大事なのは、日常生活の中で、小さな達成感を積み重ねていくということです。

そして達成したことは日記に書きます。そして一日の終わりに、できた自分を褒めます。「よくやった自分！」と言って、自分を抱きしめます。恥ずかしがらずに、声に出して体で表現すると、脳にインプットされやすいのです。他人から褒められるのを待っていないで、自分で自分を褒めるのです。

私はきょうだいが多かったので、他人と比べてしまう癖がありました。他の人と比べて自分のほうが劣っていると焦り、逆に自分のほうがマシだと安心するような。でも、他人と比べて自己肯定感をあげる人は、他人の批評に弱い一面があります。他人に認められなかったとき、簡単に折れてしまうのです。比べるのは他人ではなく、過去の自分です。そして自分の成長した点を探して、褒めるのです。他人と比べて焦る時は、他人とは『差』ではなく『違い』があると思うといいです。あの人とあたしは違うんだから、マイペースでいいってことです。

『肯定語を使う』とは、ネガティブな言葉をポジティブな言葉に変換するということです。たとえば、

「疲れた」→「全力出し切った」

「忙しい」→「活動的！」

そして、何かネガティブなことが起こっても、「でもよかったよ」と思えることを探してみる。たとえば、転んで足の骨を折ったら、「でも頭の骨じゃなくてよかった！」とか。仕事をクビになったら、「でもこれで新たな仕事にチャレンジできる！」とか。

『鏡の自分に語る』は、鏡の自分にポジティブな言葉を投げかけることです。「できる、書ける、成功する」と、恥ずかしがらずに声に出して言うのです。三回繰り返すといいです。「できる、できる、できる。書ける、書ける、書ける。成功する、成功する、成功する」

自己暗示のようなものですが、思い込みの力というのはバカにできません。火事場の馬鹿力と言いますが、思い込みによって実力以上の力を発揮できることは大いにあるのです。このワークは、大企業の社長さんなんかも、こっそりやっているらしいです。意外とみんな、必死なんですね！

もしポジティブになれなくても自分を責めないでください。脳は放っておくと自然とネガティブに考えるようにできているらしいです。だからネガティブになるのは当然で、そんな自分を責めたりせず、受け入れ、これらのことを訓練のつもりで意識してやります。①〜⑧を二年くらい続けると、意識しなくても自然とできるようになってきます。思考が変わり、行動が変わり、人生が変わってきます。私はそれを実感しています。

『楽観こそ人生を成功に導く信念である』　マザーテレサ

え？　ピンときませんか？　できないと思っていると、意識が『できないこと』に集中するから、できないことしか見つけられないんだそうです。ポジティブでいると、何とかなるって思っているから、何とかなる糸口が現れたとき、意識がすぐにそれをキャッチできるのです。

こんなふうに訓練して自己肯定感を高めた私ですが、それでもコロナ禍に最愛の母の死に遭遇し、仕事でネガティブな結果に遭遇した時には自己肯定感が急降下、自信喪失、もうほんとに苦しくて仕方のない時もありました。そんなときは、次のように思考を変えて乗り越えたのです。

【実録！　私がネガティブから抜け出した8の方法】

①「コントロールできること」と「コントロールできないこと」を区別する

②客観視する

③足りないものの中に足りていることを見つける
④「失敗」は「発見」と思う
⑤目標達成を急がない
⑥結果が出ない時ほど淡々と行動に集中する
⑦イエスアンド精神
⑧はじめの荒波を恐れない

世の中には自分で『コントロールできること』と『コントロールできないこと』があり、この二つを区別すると、ずいぶん楽になります。コントロールできることは『自分』と『今』であり、コントロールできないことは『他人』と『過去』です。コントロールできない『他人』と『過去』にいつまでも囚われ、なぜこんな結果になったの？　なぜあいつは変わらない？　などと考え続けても埒《らち》があかないし、第一自分が苦しくなるだけ。意識は、コントロールできる『自分』と『今』に向けるのです。

ただ、職業柄、妄想癖がありますから、脳内で自分の未来を悲劇的にドラマ化して不安を増幅させることがあります。すると、何もかもが悲劇的に思えて、ＬＩＮＥの文言とかも自分を批判しているふうに受けとって、ますます落ち込んだりします。あとで冷静になって読み返してみると、まったく違う意味に読み取れたりします。ですから妄想や悲劇的な思い込みはしないよう気を付けます。客観的に今の自分を観るようにします。

意識は『今』に集中し、今の状況をどう変えれば良くなるか、『自分』にできることは何か、そこに集中して行動すれば、必ず何かが変わり、未来が変わります。

自分を客観視して、もし、自分に足りないものを見つけてしまったら、まずは足りないものの中に足りていることを見つけます。たとえばドラマを書きたいのにチャンスがない、と焦ったとします。じゃあ足りているものは何？「書く時間はある」「昔に比べりゃ人脈はある」「実力もついた」「ドラマのアイデアがある」「小さいけどオファーが来るようになった」「現場での仕事経験がある」とか。足りているものに意識を向けると、目標達成へのステップが少しずつでも上がっていることに気がつきます。自己肯定感、セーフです。それから足りないものを補うための策を練ると、楽しく取り組めます。

もし失敗が怖いなら、「失敗は飛躍のチャンス」と考えると怖くありません。失敗したからこそ気づくことってあるはずです。何事も気づくことから始まるのです。失敗した理由はなにか、もっと良くするにはどうしたらいいか。失敗はそれらを考えるきっかけになります。失敗からどんな肯定的な意味を見出すか、それが成功へのカギなのです。つまり、失敗は成功のもと、『失敗』はあらたな『発見』でもあるのです。そう思うと、トライアンドエラーが怖くなくなります。何度でも挑戦できるようになります。挑戦回数が多くなると、それだけチャンスを引き寄せる確率も高くなります。その結果、自分にコントロールできなかったことにも変化が起きてくるのです。

時間はかかるかもしれません。でも、結果の出ない時ほどひたすら行動に集中するのです。寒い時ほど下へ下へと根をのばせ。根っこの強い花は大きな花を咲かせます。

これは「辛抱」ではありません。「イエスアンド」です。

まずはすべてを「イエス」と受け入れてみる。目の前で起こっていること、目の前にいる他人を。そのうえで、じゃあどうする？と自分が行動する道を模索してみます。そうすると第三のアイデアが生まれます。

ぶち当たっている困難にイエスと言うのはなかなか難しいですか？ でも、ノーと言うのは、環境や他人をコントロールしたいという気持ちの表れではないでしょうか。どんなに受け入れがたくても、イエスと言ってみる。アンド、自分は何をするか考える。踏んだり蹴ったりな人生にもイエスしてみる。そこから前にすすんでいけます。

荒波を恐れる必要はありません。はじめからぬるい環境だと、その後もぬるい環境でしか仕事できなくなります。失敗しても、立ち直れる方法を身に着けていれば、失敗は怖くありません。失敗を繰り返して人は強くなれるのです。私のように。たぶん。

私を救ってくれた参考文献　ありがとうございました！

『自己肯定感の教科書』中島輝（ＳＢクリエイティブ）
『自己肯定感が高い人になる本』藤井英雄（廣済堂出版）
『脳の名医が教えるすごい自己肯定感』加藤俊徳（クロスメディアパブリッシング）
『自分という壁』大愚元勝（アスコム）
『マイナス思考からすぐに抜け出す９つの習慣』古川武士（ディスカバー・トゥエンティワン）
『引き寄せの法則』望月俊孝（宝島社）
『決めれば、叶う。』浅見帆帆子／Honami（ＫＡＤＯＫＡＷＡ）
『四つの約束』ドン・ミゲル・ルイス（コスモス・ライブラリー）

おわりに

元来ネガティブ人間だった私が、Ｐ子時代にこれだけひどい目に遭っても腐らず毎日を生き抜いてこられたのは、このエッセイを書いていたおかげだと思います。

客観的に身に起こった仕打ちを観察し、面白おかしい出来事に変換して、Ｐ子というキャラクターに落とし込んでいったことで、冷静になれたのです。

チャップリンも言っています。

「人生は近くで見ると悲劇だが、離れてみると喜劇である」

今辛くても、二十年後には笑って、

「あの時の出来事、出会ったやつらに感謝だな」

と思える時が必ず来るのです。だからやめない。続ける。あきらめない。それが、今こうしてプロとしてやれている私の一番の秘訣です。

失敗を繰り返し、踏んだり蹴ったりな目に遭うプロセスに、人生の醍醐味があることも知りました。自分の力で課題をクリアして成功した時の「達成感」が素晴らしく、そこに人の成長があり喜びがある、生きててよかったと思える瞬間があるということを。

「神様、どうしてなかなか幸運を下さらないのですか?」

何度そう嘆いたことでしょう。でも今の私は少しわかってきました。

「親は子どもに魚を与えるより魚の獲り方を教えよ」

という言葉があります。魚を与えればその場の空腹はしのげますが、魚の獲り方を教わらなければその人は一生、誰かから魚を与えられなければ生きていけません。つまり過保護な親は、その子から失敗するチャンスを奪っているのです。失敗を繰り返した末に味わうことができる「達成感」を奪っているということです。

神様は、私たちに幸運をくれるのではなく、幸運になる方法を教えてくれる。私たちに試練=課題を与えることで、私たちがそれを乗り越え自分の手で幸せをつかむ方法を知るチャンスを与えてくれているのではないでしょうか。

ネガティブな人は、なにか新しいことを始めるとき、まず「できない理由」を考えます。そういう人はぜひ、「できる理由」を考えて紙に書き出してみてください（考えるだけでなく書いたほうがいいです）。夢をかなえるために努力していること、数年前の自分と比べて成長したこと、見込みのある理由、なぜそれをしたいのか、夢がかなう兆しはあるか、夢がかなうとどうなるか……を考えて書くのです。そして、できるかどうかではなく、どうすればできるかを考えます。そしてできることから少しずつ行動します。チャレンジを重ねていく。あきらめない限り、夢は必ずかないます。

こんな私にお付き合いくださった、これまで出会ってきた方々に感謝。支えてくださった皆さん、チャンスをくださった皆さん、そして悪役のみなさんにも感謝。おかげさまでこの本が書けました。

そしてこの本を手に取って最後まで読んでくださった読者の皆さん、本当にありがとう。幸せになってください。

田嶋久子

文とイラスト

田嶋久子（P 子）

シナリオライター。日本脚本家連盟会員。主な作品・アニメ「ちびまる子ちゃん」(CX)、アニメ「あたしンち」シリーズ（テレ朝・YouTube チャンネル）、ドラマ「OL ヴィジュアル系セカンドシーズン」（テレ朝）、アニメ「ご姉弟物語」（テレ朝）、アニメ「新・忍者ハットリ君」（インド製作）、アニメ「ズーブルズ！」（KBS 韓国）など。
同志社大学文学部（専攻は仏教美術）卒。元劇団 M.O.P.。学生時代より演劇に傾倒し、小劇場で役者として活躍するが、才能がないと諦め、大手旅行会社に就職。しかし早起きができず堅気の仕事は無理と諦め退社。シナリオライターを目指してシナリオ学校に通う。1998 年、日本テレビシナリオ登竜門で優秀賞受賞を機に、三十歳で単身上京。しかし TV 局プロデューサーに「君はプロになれない」と言われる。仕事なく、企画書も通らず、貯金を取り崩しながらプロを目指した。
「ネタが浮かばない人のための発想法とメンタル強化講座」主宰。
自己肯定感アカデミー認定アドラー流メンタルトレーナー資格。
X　@ Hisako_Pko
Facebook　facebook.com/Hisako.Pko

装丁……佐々木正見　　**DTP 制作……REN**
編集協力……田中はるか

＊本書は「月刊シナリオ教室」（シナリオ・センター刊）連載の「シナリオライターＰ子の日記」(2000 年８月号〜 06 年８月号）を再編集したものです。

シナリオライターＰ子の七転八倒日誌
私はいかにして折れないハートをゲットしたか

発行日❖2024 年 12 月 31 日　初版第 1 刷

著者
田嶋久子

発行者
杉山尚次

発行所
株式会社**言視舎**
東京都千代田区富士見 2-2-2 〒 102-0071
電話 03-3234-5997　FAX 03-3234-5957
https://www.s-pn.jp/

印刷・製本
モリモト印刷㈱

ISBN 978-4-86565-284-0　C0095

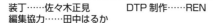